Phyllis Krystal

Die Fesseln des Karmas sprengen

SHEEMA

Phyllis Krystal

Die Fesseln des Karmas sprengen

Erste überarbeitete Auflage

Titel der Originalausgabe:
Cutting the Ties of Karma | Understanding the Patchwork of Your Past Lives
Weiser Books, Inc., USA, 2001

Erste Ausgabe in Deutsch:
Die Fesseln des Karma sprengen | Befreiung aus kosmischen Bindungen, Econ, 2002
Neuauflage in Deutsch:
Die Fesseln des Karmas sprengen, Sheema Medien Verlag, 2022

Bibliografische Information der Deutschen Bibliothek
Die Deutsche Bibliothek verzeichnet diese Publikation in der Deutschen Nationalbibliothek.
Detaillierte Daten sind im Internet über http://dnb.ddb.de abrufbar.

Übersetzung: Ingrid von Eyb

Erste überarbeitete Auflage

Paperback: ISBN 978-3-948177-16-4
Hardcover: ISBN 978-3-948177-17-1
E-Book: ISBN 978-3-948177-94-2

Herausgegeben von Phyllis Krystal Foundation, www.phylliskrystal.com
Verlag: Sheema Medien Verlag, www.sheema-verlag.de

Cover Design by Dominik Haf
Layout & Design by Phyllis Krystal Foundation
Photo page 173 by Robert Niederhausen, © Phyllis Krystal Foundation
Published and printed by tredition GmbH, Halenreie 40-44, 22359 Hamburg

Ich widme dieses Buch Sri Sathya Sai Baba, der uns durch seine gegenwärtige Anwesenheit in der Welt helfen kann, uns von den vielen anhaftenden Flicken zu befreien, so dass sie uns nicht länger beherrschen.

Phyllis Krystal

Inhalt

Vorwort der Herausgeberin - Erste überarbeitete Auflage 11
Vorwort der Autorin 12

Teil I
Karma und Du

Was ist eine Flickendecke? 14
Wer oder was ist das Höhere Bewusstsein? 18
Wer bist du? Wer bin ich? 23
Mythen 28
Wie Träume auf Flicken hinweisen können 32

Teil II
Karmische Indikatoren

Die Karmalehre 38
Ein persönliches Beispiel dafür, wie Karma arbeitet 43
Wie uns Flicken helfen, Karma aufzulösen 46
Wie Flicken entfernt werden können 51
Vergangene Herrschsucht und ihre gegenwärtige Wirkung 53
Die Menschen in unserem Leben 59
Lernen, wann wir nein zu sagen haben 65
Körperliche Probleme und Krankheiten als Flicken 76
Blutgruppen als Flicken oder Magnete 79

Teil III
Rollenverhalten und Karma

Rollenverhalten als Flicken 84
Die Rolle des Fußabtreters 88
Die dominierende Rolle 90

Teil IV
Familienkarma

Die Familienatmosphäre ... 94
Geld ... 102
Essen und Trinken ... 107
Zeit und Pünktlichkeit ... 109
Arbeitsatmosphäre ... 112
Gesundheit und Krankheit ... 114
Religiöse Atmosphäre ... 118
Sexuelles Verhalten ... 122
Rollenverhalten in Ehe und Partnerschaft ... 125
Geburt ... 130
Elternschaft ... 133
Leichen im Keller ... 136
Vergnügen und Spaß ... 138
Vorurteile als Familienmuster ... 141
Besitz ... 145
Kleidung und Mode ... 147
Wut und Gewalt ... 150
Geduld ... 152

Teil V
Karmische Flicken

Stolz und Eitelkeit als Flicken ... 156
Eifersucht und Neid als Flicken ... 158
Gier als Flicken ... 160
Wut als Flicken ... 162
Angst als Flicken ... 164

Nachwort ... 167
Register ... 169
Über die Autorin ... 173
Die Herausgeberin ... 175

Verzeichnis der Übungen

Der Maibaum 20
Der Taucheranzug zum Auflösen von Schuld 75
Die Acht: Bindungen zu Menschen lösen 87
Die Acht: Bindungen zu Gegenständen und zu Immateriellem lösen 100
Der Familienmaibaum 129
Der schwarze und der weiße Vogel zum Ausgleich von Gegensätzen 140
Die Sanduhr 143
Der Lichtstern zur Überwindung der Angst 166

Danksagung

Zuerst möchte ich dem Höheren Bewusstsein
in jedem der Menschen, mit denen ich gearbeitet habe,
für die hilfreichen Beiträge zu diesem Werk danken.
Ich danke Peggy Lenney für ihre Unterstützung
bei der Entstehung dieses Buches.
Vor allem aber möchte ich Sathya Sai Baba,
der mich stets bei meiner Arbeit ermutigt
und mir beigestanden hat,
meinen tief empfundenen
Dank ausdrücken.

Vorwort der Herausgeberin

Erste überarbeitete Auflage

Phyllis Krystal hat die, im Laufe von vielen Jahren empfangene Methode des Lösens von Bindungen in drei Büchern beschrieben:

Die Inneren Fesseln sprengen (*Cutting the Ties that Bind*)
Frei von Angst und Ablehnung (*Cutting More Ties*)
Die Fesseln des Karmas sprengen (*Cutting the Ties of Karma*)

Die Phyllis Krystal Foundation freut sich, nun die Übersetzung des dritten Buches dieser Serie präsentieren zu können.

Als Phyllis dieses Buch schrieb, empfahl sie generell eine zweiwöchige Vorbereitung mit der Figur «Acht» für ein Ablösungsritual («Cutting»). Später lehrte sie:

- Eine mindestens **zweiwöchige** Vorbereitung bei der Ablösung von einer **Person**.
- Eine mindestens **drei- bis vierwöchige** Vorbereitung bei der Ablösung von einem selbst erstellten oder innerlich gezeigten **Symbol**.
- Eine mindestens **vierwöchige** Vorbereitung bei der Ablösung von speziellen Symbolen wie dem ***Ballon*** oder der ***Babuschka.***

Diese Zeitangaben haben wir - wenn es sich um Übungsanleitungen gehandelt hat - in diese neue Auflage übernommen.

Vorwort der Autorin

Dieses Buch wird die verschiedenen Lektionen erläutern, die wir in diesem Leben zu lernen haben, falls wir dies in früheren Leben nicht getan haben. Es wird einige Symbole und Übungen enthalten, die bereits in den folgenden Büchern beschrieben wurden:

1) **Die inneren Fesseln sprengen, Sheema Medien Verlag**
2) **Phyllis Krystal Method® - Arbeitsbuch, Phyllis Krystal Foundation**
3) **Frei von Angst und Ablehnung, Sheema Medien Verlag**

Im Arbeitsbuch sind die Symbole bildhaft dargestellt und die Übungen in einfachen Schritten erklärt, so dass jeder – sogar ein Kind – sie nachvollziehen kann. Aus diesem Grunde ist es empfehlenswert, zunächst mit den vorgenannten Büchern zu arbeiten, ehe dieses in Angriff genommen wird, da es tiefere Ebenen anspricht.

Mein Hauptanliegen ist es, Menschen Hilfe und Anleitung anzubieten, die sich nicht mehr von äußeren Dingen beherrschen lassen möchten, wie beispielsweise von dominanten Persönlichkeiten, Gewohnheiten, Süchten oder auch von Menschen und Dingen, bei denen sie Sicherheit suchen. Die so erlangte Freiheit erlaubt uns, vom Höheren Bewusstsein geführt zu werden, der einzigen wirklich zuverlässigen inneren Quelle der Weisheit, einer Quelle, die jedem zugänglich ist. Auf diese Weise können wir Sein Instrument werden, anstatt uns weiterhin von unserem begrenzten Ego beherrschen zu lassen.

Teil I

Karma und Du

Was ist eine Flickendecke?

Als mir die Grundidee für dieses Buch in den Sinn kam, war ich wirklich überrascht. Ich erhielt den Einblick, dass jeder von uns, wenn er in ein neues Leben hineingeboren wird, eine Flickendecke mit sich trägt. Sie setzt sich aus vielen verschiedenen Flicken zusammen, die alle aus vergangenen Leben stammen. Diese Idee faszinierte mich, ich bezweifelte jedoch ihre Glaubwürdigkeit. Erst nach langem Nachdenken begann ich ihre Bedeutung zu verstehen.

Nach Webster's Lexikon bedeutet »Patchwork« bzw. Flickwerk: »Alles, was aus unregelmäßigen, unterschiedlichen, übrigen oder bunten Teilen zusammengesetzt ist, wie beispielsweise eine Decke, die aus übrigen Stoffflicken zusammengenäht wurde.« Diese Definition versetzte mich in meine Kindheit nach England zurück, wo ich Anfang des 20. Jahrhunderts aufwuchs. Ich erinnere mich, von Frauen gehört zu haben, die sich regelmäßig trafen, um solche Decken zu nähen. Gewöhnlich fanden diese Treffen tagsüber statt, wenn die Kinder in der Schule waren. Sie hatten eine soziale Funktion, denn die Frauen konnten sich dabei unterhalten, Rezepte austauschen, Tee und Gebäck zu sich nehmen und sich vor allem von ihrer täglichen Rolle als Ehefrau und Mutter erholen.

Ursprünglich wurden diese Decken aus kleinen Stoffresten hergestellt, die aus alten Kleidungsstücken stammten. Konnte ein Kleidungsstück nicht länger getragen werden, verwendete man die noch verwertbaren Stoffpartien anderweitig. So wurden die »noch guten« Teile mit anderen Stücken zu einer Decke vernäht, die als Bettüberwurf diente und nachts Wärme spendete.

Früher besaßen die Menschen nicht so viele Kleidungsstücke wie heute und es war üblich, für untragbar gewordene Kleidung eine andere Verwendung zu finden. Man war damals weitaus sparsamer als heute. In vielen Familien wurden die Kleidungsstücke geflickt und ausgebessert, um ihre

Lebensdauer zu verlängern, oder sie wurden für jüngere Familienmitglieder passend umgenäht. Als ich in England zur Schule ging, mussten wir Mädchen im Unterricht noch Nähen, Stricken und Schneidern lernen. Außerdem lernten wir auszubessern, um die Lebensdauer abgetragener Kleidungsstücke zu verlängern. Das war allgemein üblich und niemand sah auf jemanden herab, der ausgebesserte Kleidung trug. Im Gegenteil, sparsame Mütter genossen Anerkennung.

Heute herrscht ein derartiges Überangebot an Waren, dass die Menschen leicht dazu verführt werden, alles Mögliche zu kaufen, was in den Kaufhäusern und in den Medien, besonders in Fernsehen und Internet, angeboten wird, egal, ob sie neue Kleidung brauchen oder nicht. Verschleiß wird akzeptiert, denn nur so kann man etwas Neues, anderes kaufen, ohne darüber nachdenken zu müssen, ob man es braucht oder es sich überhaupt leisten kann. Um mit den anderen mithalten und sich nach der neuesten Mode kleiden zu können, lassen sich Menschen verführen und trennen sich von alten Kleidern. Aber die anderen verhalten sich genauso und tragen die neueste Mode, um ein falsches Gefühl der Sicherheit zu erlangen oder um anderen zu imponieren.

Unsere Flickendecke entsprang also ursprünglich einer haushälterischen Praxis. Ehe man die alten Kleidungsstücke ausrangierte, schnitt man die guten Partien heraus, zerteilte sie in kleine Stücke und bewahrte sie auf, bis genügend Flicken vorhanden waren, um eine Decke daraus zu nähen. Die Arbeit bestand darin, die entsprechenden Flicken zu einem attraktiven Muster zusammenzufügen. Diese Arbeit war zeitaufwendig und ermüdend, wenn sie allein durchgeführt wurde, also entstand das Nähkränzchen. Es hatte neben der sozialen Funktion noch den Vorteil, dass die Frauen untereinander Flicken tauschen konnten, um ihre Decken abwechslungsreicher zu gestalten.

Nur die Flicken wurden für eine Decke verwendet, die noch etwas »Leben« in sich bargen. Wir können uns also vorstellen, dass jedes menschliche Wesen symbolisch eine Flickendecke trägt, die aus vielen kleinen, unterschiedlichen Teilen zusammengesetzt ist. Jedes stammt dabei aus einem der vielen abgetragenen »Kleidungsstücke«, die die verschiedenen Persönlichkeiten aus vergangenen Leben repräsentieren. Jeder Flicken (oder

Teil der Persönlichkeit), der noch etwas »Leben« in sich birgt, wird als ein Überbleibsel aus der Vergangenheit mitgebracht. Er wird jetzt aber anders verwendet, denn er ist diesmal nur ein kleiner Teil einer neuen Decke und kein Gegenstand für sich.

In Träumen stellen Kleidungsstücke oft Ansichten und Verhaltensweisen dar. Wir können uns also unsere individuelle Flickendecke als einen vielfarbigen Umhang vorstellen, ähnlich wie Josephs Mantel in der Bibel, um den sein Bruder ihn so beneidete. Unsere Flickendecken entsprechen also der Summe unserer Ansichten und Verhaltensweisen, die wir aus der Vergangenheit mitgebracht haben.

Manche Umhänge sehen gut aus und ziehen den Neid der anderen auf sich, während andere wiederum derart zerfetzt und abgetragen sind, dass ihre Träger verachtet und als minderwertig angesehen werden. In der Wachtraumtechnik wurde uns jedoch gelehrt, dass weder die äußere Kleidung noch der Körper unsere wahre Identität ist. Egal, ob sich das Äußere hässlich oder schön präsentiert, es stellt doch nur die Verpackung dar oder das Behältnis, das Haus oder den Tempel, in dem das Wahre Selbst wohnt.

Gehen wir in unserer Vorstellung noch einen Schritt weiter: Um Stoff herzustellen, werden Fäden auf einem Webstuhl miteinander verwoben. Laut Lexikon ist Weben »die Kunst, Stoff herzustellen. Zwei Rollen Garn oder anderes Material werden im rechten Winkel zueinander verflochten. Der Webstuhl ist ein normalerweise aus Holz gefertigter Rahmen, an dem die Kettfäden fest angebracht sind. Eine Spule transportiert den Schussfaden durch die Kettfäden, um den Stoff herzustellen.«

Jeder Flicken setzt sich also aus zwei Fadenrollen zusammen, die im rechten Winkel zueinander verwoben werden, um den Stoff anzufertigen. Der Kettfaden könnte demnach allen vergangenen Neigungen, Taten, Angewohnheiten und Reaktionen entsprechen, die noch Energie und Leben enthalten. Der Schussfaden würde für die Lebensbedingungen, die Familie, die Freunde und Erfahrungen stehen, von denen wir magnetisch angezogen werden. Diese können uns im gegenwärtigen Leben helfen, die uns bestimmten Aufgaben zu lösen und so die Energie der Flicken aufzubrauchen, die wir aus der Vergangenheit mitgebracht haben. Wenn der Schussfaden entfernt wird, wird der Kettfaden nicht mehr gebraucht.

Wenn die Arbeit vollendet ist, wird der Flicken entfernt. Wenn die Lektion gelernt ist, löst sich die Situation auf, aus der wir lernen sollten. Wir alle neigen dazu, an alten Verhaltensmustern festzuhalten. Wir befürchten stets das Schlimmste und ziehen so Unheil an. Ist dieses Verhalten erst einmal zur Gewohnheit geworden, beginnt ein Teufelskreis. Dieses Buch will die Verhaltensweisen aufdecken, die wir ändern können, und uns helfen, sie aufzugeben.

Wer oder was ist das Höhere Bewusstsein?

Oft werde ich gefragt: »Was ist das Höhere Bewusstsein?« Es gibt tatsächlich keine definitive Antwort. Wir können einen derart abstrakten Begriff nicht eindeutig bestimmen, wie wir vielleicht einen Schmetterling bestimmen würden. Er bleibt unfassbar und außerhalb unserer Kontrolle.

Seit Jahrhunderten hat man das Höhere Bewusstsein mit einer Flamme oder einer Lampe verglichen, die tief in jedem lebenden Wesen versteckt ist. Auch von einem Diamanten, einer Perle, anderen wertvollen Steinen sowie von Gold wurde gesprochen. Es wurde das Christus-Selbst, Buddha-Selbst, Atma, Baba-Selbst, das Höhere Selbst oder das Höhere Bewusstsein genannt.

Aber all diese Worte sind nur verschiedene Bezeichnungen und beziehen sich auf dieselbe Wesenheit, die weder benannt noch in irgendeiner Weise beschrieben werden kann. Wie lässt sich also das Höhere Bewusstsein definieren?

Bei meiner Arbeit habe ich gelernt, meine Aufmerksamkeit vom äußeren Geschehen auf das innere zu lenken, um so die Lehren des Höheren Bewusstseins, das in jedem lebenden Menschen vorhanden ist, zu empfangen. Dieser Bereich eines jeden Menschen ist unsterblich. Er ist ewig, er kann weder beschädigt noch in irgendeiner Weise beeinträchtigt werden. Es ist das Wahre Selbst, das sich durch jeden Aufenthalt auf Erden inkarniert, indem Es in den Körper eines Säuglings eintritt, der als Sein vorübergehendes Heim oder Sein Wohnsitz vorbereitet ist. Es weiß sehr genau, was noch gelernt werden muss und dass jede neue Geburt dafür eine Gelegenheit bietet.

Das Höhere Bewusstsein hat – während seiner zahlreichen Inkarnationen – viele Eigenschaften gesammelt, von denen einige positiv, die meisten aber negativ sind. Dadurch ist es zu einer Trennung gekommen: Die Körper-Verstand-Ego-Persönlichkeits-Hülle hat die Kontrolle übernommen und handelt entgegen den Weisungen des Höheren Bewusstseins, ja, sie ignoriert sogar Seine Existenz und identifiziert sich mit dem Behältnis. Ich erinnere mich noch sehr genau, als Sai Baba meinen inzwischen verstorbenen Mann und mich zu einem Interview bat. Als wir alle auf dem Boden saßen und auf ihn warteten, betrat er mit einem breiten Lächeln den Raum, wandte sich an die Anwesenden und sagte: »Wisst ihr eigentlich, dass ihr wandelnde Tempel seid?« Wir alle fanden dies äußerst amüsant und ich stellte fest, dass mir noch nie eine solch treffende Beschreibung in den Sinn gekommen war, aber mir wurde unmittelbar bewusst, wie richtig sie war. Natürlich ist die Körper-Geist-Gesamtheit der Tempel, in dem das Gott-Selbst wohnt, das unsere Wirklichkeit ist. Wir müssen also darauf achten, unseren Tempel innerlich und äußerlich sauber zu halten, so dass wir für das Wahre Selbst einen geeigneten Ort bereithaben, um Es ehren und zu gegebener Zeit mit Ihm verschmelzen zu können.

Um diese Botschaft noch zu vertiefen, teilte uns Baba in einem anderen Interview mit, dass wir nicht Sünder, sondern Gottheiten sind. Er wandte sich mit einem intensiven, durchdringenden Blick an mich und sprach mit fester Stimme: »Mrs. Krystal, sagen Sie: ›Ich bin Gott.«‹ Ich war nicht nur erstaunt, sondern absolut entsetzt! Ich wurde in der Tradition der anglikanischen Kirche erzogen und wäre hart bestraft worden, hätte ich gewagt, diese als Sakrileg empfundenen Worte auszusprechen. Alles, was ich sagen konnte, war: »Ich kann nicht.« Doch Baba akzeptierte dies nicht und bestand darauf, indem er wiederholte: »Sagen Sie es.« Ich versuchte zu gehorchen, aber alles, was ich herausbrachte, war ein Flüstern, das ihn nicht zufrieden stellte, und er forderte mich erneut auf, es zu sagen. Schließlich nahm ich allen Mut zusammen, um diese furchterregenden Worte auszusprechen. Er aber sagte: »Lauter.« Ich wiederholte die Worte so lange, bis er zufrieden war. Durch seine Beharrlichkeit versuchte Baba mir meine wahre Identität aufzuzeigen und ebenso den anderen Anwesenden. Wir alle sind Gott und werden eines Tages mit dem Wahren Selbst verschmelzen, wenn wir Ihm erlauben, uns als Sein Instrument zu benutzen, so dass unser Wille und Sein Wille ein und dasselbe und nicht voneinander getrennt sind.

Es ist, als würde Es sich außerhalb Seines Selbst projizieren, um die Welt zu erfahren und um sich Seiner selbst bewusster zu werden. Viele Menschen fragen mich, wie sie mit dem Höheren Bewusstsein in Berührung kommen können, wenn sie von Seiner Existenz überzeugt sind. Ich empfehle die Übung mit dem Maibaum, um mit dem Höheren Bewusstsein in Verbindung zu treten.

Der Maibaum

Um diese Übung auszuführen, visualisiere oder stelle dir einen Maibaum vor, der als lange Stange aufrecht vor dir steht. An seiner Spitze hängen viele Bänder in den Farben des Regenbogens. Jedes Band kann als telefonische Verbindung zum Höheren Bewusstsein benutzt werden, das an der Spitze des Maibaumes visualisiert wird. Das Höhere Bewusstsein (oder Überbewusstsein) stellen wir uns weit oberhalb unseres bewussten Verstandes vor, im Gegensatz zum Unbewussten, das unterhalb der Ebene unseres bewussten Denkens angesiedelt wird.

Stell dir vor, du nimmst ein Band in einer Farbe, die dir gefällt, und benutzt es wie eine Telefonleitung. Bitte nun das Höhere Bewusstsein, dir das zu geben, was Es für dich als notwendig erachtet, denn Es weiß besser als du, was du brauchst. Lege deine Hände in deinen Schoß (geöffnet wie kleine Schüsseln) und sei bereit zu empfangen.

Viele Menschen klagen über Anspannung und Nervosität. Bitte also darum, durch dein Band entspannende Energie zu bekommen. Atme sie ein und lass die Spannung beim Ausatmen los. Bitte um heilende Energie, die du einatmest, und atme jeden Zustand aus, der dir Unwohlsein oder Leid verursacht, sei es physischer, geistiger oder emotionaler Art. Als Nächstes bitte um reinigende Energie, um negative Gedanken, Gefühle oder Erinnerungen loszulassen, und lasse diese mit deinem Atem herausfließen. Viele Menschen sagen, sie würden gerne etwas vollbringen, fühlten sich jedoch nicht stark genug, ihr Vorhaben in die Tat umzusetzen. Atme deshalb stärkende Energie ein und atme jegliche Schwäche aus, die du loslassen möchtest.

Letztendlich bitte um die besondere Liebe, die nur das Höhere Bewusstsein dir geben kann. Diese Liebe ist weder begrenzt noch egoistisch wie die menschliche Liebe. Atme diese absolut erfüllende Liebe ein – tief, aber behutsam – und atme alles aus, was dich daran hindern könnte, diese Liebe zu empfangen, Gefühle der Schuld, der Minderwertigkeit und dergleichen. Sie ist dein Geburtsrecht und du musst dich ihrer weder würdig erweisen noch musst du sie dir verdienen. Erbitte sie dir einfach und atme sie ein.

Wenn diese Liebe in dir zu zirkulieren beginnt, öffne dein Herz, um sie ganz zu empfangen. Du kannst dich absolut sicher fühlen, sie wird dir niemals Leid zufügen oder dich zurückweisen, sondern sie wird deine tiefsten Bedürfnisse befriedigen. Um dein Herz leichter öffnen zu können, stelle dir eine Blume darin vor. Prüfe, ob sie geöffnet oder wie eine Knospe fest verschlossen ist. Sollte Letzteres der Fall sein, gebiete ihr, sich zu öffnen, damit die Liebe des Höheren Bewusstseins sie durchdringen kann, so wie eine wirkliche Blume sich öffnet, um das Sonnenlicht zu empfangen.

Stelle dir vor, die einströmende Liebe füllt all die leeren Bereiche, die viele von uns ihr ganzes Leben mit sich herumtragen. Damit die Liebe fließen kann, braucht sie ein Ventil. Denn wenn du sie zu fest und egoistisch umklammerst, wird sie allmählich einen negativen und gegenteiligen Effekt haben und den Fluss des Höheren Bewusstseins blockieren. Damit dies nicht geschieht, teile sie mit den Menschen, die dir in den Sinn kommen und dieser Liebe bedürfen. Menschen, die schwierig oder negativ eingestellt sind, Menschen, mit denen du ein Problem oder eine unerfreuliche Beziehung hast; sie brauchen diese Liebe, denn sonst wären sie nicht so negativ. Bitte diese Menschen zu den anderen, unsichtbaren Gästen. Damit die Liebe zu diesen Menschen fließen kann, lege deine Handflächen mit ausgestreckten Fingern aufeinander und richte sie auf jede Person, die du zu dir gebeten hast. Du musst sie weder lieben noch mögen, du wirst aber nach regelmäßiger Übung feststellen, dass sich selbst die schwierigsten Beziehungen verbessern.

Viele Menschen fühlen sich als Individuen hilflos und glauben nicht daran, die Welt wesentlich verändern zu können. Dies muss jedoch nicht unbedingt der Fall sein, denn sie können sich mit der ständig wachsenden Zahl anderer Menschen zusammenschließen, wie dies bereits in vielen Ländern geschieht, um diese Übung gemeinsam zu praktizieren und die Liebe in die Gegenden der Welt zu senden, in denen sie fehlt.

Schließe dich der wachsenden Zahl der Menschen an, die diese Übung praktizieren, und sende diese Liebe an Menschen, die einsam, krank oder deprimiert sind und dringend Hilfe brauchen, wie Insassen von Gefängnissen, Irrenanstalten, Waisenhäusern, Krankenhäusern, Altenheimen, Flüchtlingslagern und allen anderen, die dir in den Sinn kommen und die dieser Liebe bedürfen. Diese Liebe sollte auch in die Länder gesandt werden, in denen Krieg herrscht, Hungersnöte oder Seuchen, Unterdrückung, Folter und andere Bedingungen, unter denen Menschen leiden. Zudem ist es notwendig, dass die Staatsoberhäupter dieser Länder liebevoller zu ihren Untertanen sind, über deren Leben sie bestimmen. Sende auch ihnen diese Liebe, denn nur durch sie können sie die notwendigen Veränderungen veranlassen.

Immer wieder wurde mir von den kleinen Wundern berichtet, die sich fast täglich in vielen Gegenden der Welt zutragen, in denen Menschen dieses einfache tägliche Ritual anwenden. So wurde beispielsweise in Russland folgendes Programm ins Leben gerufen: Jeden Donnerstag um 19 Uhr russischer Zeit nehmen in dieser Technik ausgebildete Menschen sich die Zeit, diese Liebe an Menschen weiterzuleiten, die ihrer bedürfen. Sie berichten, dass sich zunächst ihre eigene Einstellung verändern würde, dann die ihrer Familienangehörigen, ihrer Mitarbeiter, ihres eigenen Landes und nicht zuletzt die der übrigen Welt. Es handelt sich um eine sehr einfache Übung, die nur wenig Zeit in Anspruch nimmt, aber von weltweiter Wirkung sein kann. Da alle Probleme der Welt denselben Ursprung haben – Herzlosigkeit und Mangel an Liebe, beides Aspekte von Yin, der weiblichen, empfangenden Energie – würden wir gerne dazu beitragen, einen Ausgleich zwischen Yin und Yang (die aggressive, männliche Energie, die in der Welt so dominant ist) herbeizuführen. Wenn wir bereit sind, allen Menschen, denen wir begegnen, diese Liebe zu schenken, und all jenen, die unter einem Mangel an ihr leiden, können wir eine Veränderung herbeiführen.

Wer bist du?
Wer bin ich?

Mir wurde beigebracht, dass wir auf der Ebene des Höheren Bewusstseins alle eins, ja sogar alle gleich sind. Niemand ist besser oder weniger wert als ein anderer. Warum sind die Menschen aber dann so verschieden und was bedingt diese Verschiedenartigkeit? Uns wurde ebenso beigebracht, dass sich jede Persönlichkeit aus der Summe vieler verschiedener Einflüsse, nicht nur des gegenwärtigen Lebens, sondern auch vieler vergangener Leben zusammensetzt.

Dies erinnert mich an identische Diamanten, die verschieden verpackt werden können. Manche Verpackungen sind sehr schön, andere wiederum reizlos. Sind aber die Diamanten in einer grauen Verpackung weniger wertvoll als die in einer farbenfrohen? Alle sind gleich viel wert. Wir lassen uns nur von der Verpackung täuschen. Niemand kann ahnen, was ein Päckchen enthält, bevor nicht die äußere Hülle entfernt wurde und sich der Inhalt offenbart. Manche Päckchen sind fest verschnürt, sogar hermetisch abgeschlossen und es kann harte Arbeit sein, sie zu öffnen und den Inhalt zu entdecken. Das Gleiche gilt für jeden von uns. Wir wurden programmiert, uns mit der Verpackung oder dem Behältnis zu identifizieren, das sich aus Körper, Verstand, Ego und Persönlichkeit zusammensetzt und wir übersehen, dass sich in diesem Behältnis das Höhere Bewusstsein verbirgt.

Wir benötigen diese Behältnisse oder Gefäße, um in dieser Welt leben zu können und um das Karma auszugleichen, das wir in Bewegung gesetzt haben. Nur wenn wir bei Geburt in einen neuen physischen Körper treten, erhalten wir eine nochmalige Chance, uns von alten, unangemessenen Verhaltensweisen zu trennen und uns den Menschen gegenüber anders zu verhalten, denen wir auf unserer Lebensreise von der Geburt bis zum Tod begegnen. Was immer wir zu irgendeinem Zeitpunkt in die Welt hinausgesandt und Menschen angetan haben, es kann nur wieder ausgeglichen werden, während wir in einem physischen Körper auf dieser Welt leben. Nur so können wir vergangene Fehler korrigieren und die notwendigen Lektionen lernen. Ermutigend ist, dass wir für jede neue Inkarnation genau das mitbringen, was wir brauchen, um unsere Aufgabe in diesem Leben zu verstehen.

Ich erinnere mich noch sehr genau daran, wie mir in einem Wachtraum der lange verschlungene Weg der Evolution gezeigt wurde, den wir alle während vieler Lebzeiten größtenteils unbewusst zurückgelegt haben. Als ich mich entspannte, die Augen schloss und mich auf die Botschaft oder die Einsichten konzentrierte, die während der Sitzung aufsteigen würden, erschien Baba vor meinem inneren Auge. Mir schien, als wollte er sagen: »Ich möchte dir alle Menschen zeigen, die bis jetzt auf der Welt gelebt haben.« Diese Aussicht erschreckte mich. Baba führte seinen rechten Arm in einem weiten Bogen in Richtung Himmel und zeigte auf etwas, was einer Million kleiner Sterne oder leuchtender Funken glich. Er erklärte weiter, dass jeder Mensch, der auf der Erde lebte, sich mit dem Ziel auf die Reise begab, sich mit dem Wahren Selbst zu vereinigen. Leider sind sich die meisten Menschen dieser Tatsache nicht bewusst, sie leben blind ihr Leben und lassen sich von ihren Sinnen leiten. Dies lässt sie an den Bedürfnissen des Körpers und der äußeren Welt haften. Er bezeichnete diesen Prozess als den langsamen, schrittweisen Weg der Evolution. Dieser Weg wird von sehr vielen Menschen auf unbewusster Ebene mehr oder weniger erfolgreich beschritten. Dann zeigte er mir jene Menschen, die sich von diesem langsamen Prozess befreit hatten und sich über den Sinn der menschlichen Geburt bewusst waren. Sie hatten sich von allen Bindungen der materiellen Welt befreit und waren bereit und willens, dieses Ziel schneller zu erreichen. Dann zeichnete er mit dem Arm einen weiten Bogen auf der gegenüberliegenden Seite und ich sah ähnlich leuchtende Funken, wie Sterne, aber es waren viel weniger als auf der anderen Seite. Er erklärte mir, dass diese leuchtenden Funken Seelen verkörperten, die sich von allen Bindungen befreit hatten und sich nach dem Selbst ausrichteten.

Dann zeigte er mir einen Graben oder eine tiefe Spalte, die diese beiden Ansammlungen von Leuchtkörpern voneinander trennte und die überwunden werden musste. Nur wenn alle Bindungen oder, wie Baba es nennt, das Übergepäck losgelassen werden, kann dieser Graben überquert werden. Halten wir aber weiterhin an den »Dingen« fest, ist das Gepäck zu schwer, um über den Graben zu springen. Interessanterweise kann die gegenwärtige Zeit, in die wir hineingeboren wurden, unsere Erlösung fördern, da alle Aspekte des Lebens durch das Eintreten in das neue Jahrtausend verstärkt werden. Das sich steigende Tempo kann uns überwältigen. Es kann uns aber auch vorantreiben, da die vermehrte Schubkraft uns hilft, uns dieser Aufgabe mit besonderer Hingabe zu widmen. Wir können uns diese größere Energie nutzbar machen und voranschreiten oder wir können die Hoffnung aufgeben und uns überwältigen lassen. Es ist unsere Entscheidung und kein Mensch kann sie uns abnehmen. Dies setzt allerdings voraus, dass wir uns selbst beobachten und keine überzogene Selbstkritik und Selbstgeißelung üben, denn beide Eigenschaften sind sinnlos und führen zu nichts. Wir alle sollten unsere eigene, individuelle Landkarte zu Rate ziehen, um die Bereiche aufzudecken, denen wir uns zuzuwenden haben. Wir alle werden bei der Geburt von einer bestimmten Familie und ihren verschiedenen Familienmitgliedern magnetisch angezogen sowie dem Erbgut, das die Nationalität, die Rasse, das Land und so weiter einschließt. Bei der Geburt meines ersten Kindes erinnere ich mich gesagt zu haben, dass es doch sehr hilfreich wäre, wenn Säuglinge mit einer Gebrauchsanweisung geboren würden, ähnlich den Gebrauchsanweisungen für Haushaltsgeräte, die wir täglich benutzen, wie elektrische Zahnbürsten, Küchengeräte, Autos und andere komplizierte Geräte. Nun stelle ich fest, dass wir tatsächlich mit vielen hilfreichen Hinweisen geboren werden. Wir müssten allerdings Detektive sein, um ihre Bedeutung zu enträtseln und so unser ganzes Potential nutzen zu können. Wir werden mit einem Vertrag geboren, der zu erfüllen ist. Es liegt jedoch an uns, wie wir ihn handhaben. Wird er nicht akzeptiert und vollendet, werden wir irgendwann in der Zukunft, so es die Umstände erlauben, nochmals die Gelegenheit dazu erhalten. Wir müssen alle Verträge erfüllen, denn wir selbst haben sie aufgesetzt. Was bringen wir in ein jedes neues Leben mit und woraus besteht die Flickendecke? Und noch wichtiger, welches Werkzeug steht uns zur Verfügung, um die verschiedenen Flicken zu bearbeiten, die noch aus vergangenen Zeiten aktiv sind?

Das Computerzeitalter macht es uns einfach, die Antworten auf diese Fragen zu verstehen. Wir können uns vorstellen, mit einem Computerprogramm geboren worden zu sein, das die Erfahrungen, Ereignisse, Menschen und Beziehungen anzieht, die uns ermöglichen, unerledigte Angelegenheiten aus vergangenen Leben zu Ende zu bringen. Es gibt so viele Computer, wie es Menschen gibt, und bemerkenswerterweise gleicht kein Computer dem anderen. Dies trifft ebenso auf die einzelnen Mitglieder einer Familie zu wie auf eineiige Zwillinge. Jeder Computer ist entsprechend der persönlichen Lebensgeschichte eines Menschen programmiert, die sich aus den vielen Aufenthalten auf Erden ergibt. Es ist beispielsweise eine bekannte Tatsache, dass keine zwei Menschen identische Fingerabdrücke haben, ebenso wenig wie andere Körperteile. Die ungeheure Vielzahl individueller Charaktereigenschaften ist verblüffend. Jeder Mensch hat eine einzigartige karmische Vergangenheit, die er teilweise bei der Geburt mitbringt. Nicht alle Einflüsse aus vergangenen Leben können in der Gegenwart bearbeitet werden, sondern nur die, die für dieses Leben bestimmt sind. Zu Lebzeiten verursachen wir aber wiederum Karma, das wir in Zukunft, so es die Umstände erlauben, aufzuarbeiten haben. Nur wenn wir dem Höheren Bewusstsein gestatten, uns als Sein Instrument zu benutzen, vermeiden wir neue karmische Schuld, die wiederum irgendwann in der Zukunft zurückgezahlt werden muss.

Unsere Entscheidungsfreiheit ist begrenzt. Es liegt an uns, wie wir uns verhalten, und dies entscheidet, in welchem Maß wir die uns gegebenen Möglichkeiten nutzen. Wir können aus den verschiedenen Aspekten unseres Lebens lernen oder sie ignorieren. Ignorieren wir sie, vergeben wir die Chance, uns von vergangenen Taten zu lösen. Das innere Licht wird sich dann nicht in unseren Gedanken und Gefühlen, nicht in unseren Worten und Taten ausdrücken können und es wird uns nicht gelingen, uns endgültig von der Herrschaft des Ego zu befreien.

Jeder und alles auf dieser Welt ist unvollkommen und fehlerhaft. Nur das Wahre Selbst ist vollkommen. In vielen Kulturen war es üblich, dass Künstler absichtlich einen Fehler in ihre Werke einfügten, da nur Gott absolute Perfektion zugesprochen wurde.

Wir haben Fehler – ebenso wie positive Anlagen – und viele Menschen versuchen ihre Fehler zu verbergen. Wir machen uns selbst und anderen vor, perfekt zu sein, doch diese Haltung führt weder zu Reife noch zu Vollkommenheit. Nur wenn wir bereit sind, unsere Fehler und Mängel zuzugeben, können wir sie korrigieren und voranschreiten. Anstatt also unsere negativen Aspekte zu leugnen, sollten wir sie uns eingestehen, denn nur so können wir uns ändern.

Mythen

Ich glaube, es ist an der Zeit, einige Mythen zu entlarven. Mythen haben die Tendenz, sich um gewisse Menschen herum zu entwickeln, oder sie werden von anderen Menschen auf sie projiziert. Oft hat die Person wenig Bezug zu dem ihr aufgezwungenen Mythos. Er setzt sich aus Eigenschaften zusammen, die Menschen gerne in einem anderen sehen würden, und ist daher eine Projektion ihrer eigenen Wunschvorstellungen. Er ist eine Verkörperung der eigenen Träume und ermöglicht den Menschen, indirekt durch ihr Idol zu leben. Es ist jedoch sehr schwer für einen Menschen, mit dem ihm aufgezwungenen Mythos zu leben und die auf ihn projizierten Erwartungen zu erfüllen. Die ehemaligen Bewunderer können sich sehr schnell gegen ihn wenden, wenn ihre Erwartungen nicht erfüllt wurden. Er muss also zwei verschiedene Leben führen, ein öffentliches und ein privates. Da diese beiden Leben aber selten zusammenpassen, ergibt sich daraus manchmal eine schizoide Situation. Das äußere oder öffentliche Persönlichkeitsbild kann in manchen Fällen derart dominant werden, dass es das Leben der betreffenden Person beherrscht und sein ursprünglich gelebtes, persönliches Leben völlig verdrängt. In vielen Fällen bricht diese Person unter dem großen Druck zusammen und flüchtet in Drogen- oder Alkoholkonsum, um den durch diese Rolle ausgelösten unerträglichen Stress zu lindern.

Zusätzlich zu den Problemen, die der aufgezwungene Mythos den betroffenen Menschen auferlegt, verursacht er auch jenen Probleme, die von anderen erwarten, dass sie ihre eigenen Träume ausleben, anstatt ihr eigenes Leben befriedigender zu gestalten. Sowohl die idealisierte Person als auch ihre Anbeter leiden also unter diesem Phänomen des Mythos. Wie kann eine einzige Person derart verschiedene Träume so vieler Menschen ausleben? Für den Betroffenen ist das eine unerträgliche Situation und für die vielen anderen eine große Enttäuschung. Falls die öffentliche

Person ein Vorbild für andere ist und zugleich ihr eigenes Leben voll ausleben kann, können viele Menschen von diesem Beispiel profitieren. Die wohl schädlichste Auswirkung der Heldenverehrung ist, dass sich Menschen mit ihren Erwartungen an eine Person binden, die außerhalb und getrennt von ihnen selbst ist. Eine solche Bindung verhindert, dass sie sich ausschließlich auf das Innerste ihres eigenen Seins verlassen, auf das Höhere Bewusstsein.

Verwundert musste ich feststellen, dass sich auch ein Mythos um mein Leben zu ranken beginnt und dieser Mythos vernebelt die Wahrheit über das, was ich bin und was ich tue. Ja, ich bin überrascht, wie wenig er der Wahrheit entspricht! Viele Menschen glauben zum Beispiel, ich führe ein aufregendes und spannendes Leben, weil ich in viele Länder der Welt reise. Nach ihrer Ansicht tue ich all die Dinge, die sie selbst gerne tun würden. Einige freuen sich für mich, während andere vielleicht etwas neidisch oder eifersüchtig sind und sich an meine Stelle wünschten.

Ich reise tatsächlich sehr viel, aber ich reise, um zu unterrichten. Gewöhnlich sehe ich den Flughafen, die Strecke vom Flughafen zum Hotel, in dem ich übernachte, falls ich nicht nachts ankomme und es zu dunkel ist, um überhaupt etwas zu erkennen. Dann sehe ich das Hotel und mein Zimmer sowie den Raum, in dem ich am nächsten Morgen das Seminar abhalte. Ich lerne kaum andere Lokalitäten kennen und nur sehr wenig von den Städten, in denen ich meine Arbeit erledige. Ich besichtige selten etwas, denn die Zeit zwischen den Seminaren geht für die Anreise zum nächsten Ort drauf. Die Reise selbst kann ebenfalls sehr ermüdend sein, besonders in meinem Alter. Seitdem mein Ehemann gestorben ist, reise ich alleine und das bedeutet, dass ich mich um alles selbst kümmern muss: Flugtickets, Pass, Visa, Geldwechsel, das Gepäck und alle wichtigen, wenn auch scheinbar banalen Einzelheiten, die mit einer Auslandsreise verbunden sind. Fliege ich über verschiedene Zeitzonen, ist auch der Jetlag zu überwinden. Das Essen und das Wasser können Probleme bereiten und auch an den Klimawechsel muss sich der Körper erst gewöhnen. Alles in allem ist Reisen nicht unbedingt so aufregend, wie es scheint, und noch dazu reisen heutzutage weitaus mehr Menschen als früher. Alles hat seinen Preis.

Ein anderer Irrglaube ist, dass ich » Baba nahe bin«, wie manche es auszudrücken pflegen. Auch das ist ein Trugschluss. Baba sagt selbst, dass ihm kein Mensch näher steht als ein anderer, denn wir sind in seinen Augen alle gleich. Er kann jedoch durch die Oberfläche unserer Persönlichkeit hindurchschauen und so erkennen, wer bereit ist, sein Instrument zu sein. Ist dieser Prozess erst einmal eingeleitet, werden wir die verschiedenen, von uns so geliebten Wünsche aufgeben müssen und bereit sein, den Umständen entsprechend eingesetzt zu werden, ob es uns gefällt oder nicht. Wie Baba sagt: »Tue nicht, was du magst, sondern möge, was du tust.« Auch hier ist ein Preis für die scheinbare Nähe zu Baba zu bezahlen. Außerdem ist er ein strenger Lehrmeister und wenn wir uns entschieden haben, sein Instrument zu sein, müssen wir nicht nur bereit sein, Seine »Unvorhersehbarkeit zu lieben« (»Love my uncertainty«), wie Er sich ausdrückt, sondern auch dafür, die eigenen Pläne, falls notwendig, sofort zu ändern.

Menschen, die in der Öffentlichkeit stehen, haben eine schwierige Aufgabe zu erfüllen. Sie müssen ihre eigene Identität und Integrität bewahren, trotz der Erwartungen unzähliger, ihnen unbekannter Menschen. Der einzige Weg, mit dieser Situation fertig zu werden, ist meiner Meinung nach, sich von der äußeren Welt und ihren Forderungen zurückzuziehen, um sich auf sein innerstes Sein zu besinnen, denn Es ist der wahre Wegweiser, auf den wir uns bedingungslos verlassen können. Zusätzlich zu der vorgenannten täglichen Übung bitte ich jeden Morgen das Höhere Bewusstsein, den ganzen Tag lang durch mich zu denken, zu fühlen, zu reden, zu handeln und zu lieben. So kann Es zu einer immer stärker werdenden Antriebskraft werden. Wird diese Übung allmählich Bestandteil unseres Lebens, werden wir uns von unseren Bindungen befreien und die Ergebnisse des Handelns nicht mehr der begrenzten Persönlichkeit zuschreiben, sondern dem Höheren Bewusstsein, mit dem kleinen Selbst als Instrument in Seinen Händen. Jeder Mensch kann so von der äußeren Last befreit werden, die ihm die verschiedenen Situationen und selbstsüchtige Menschen auferlegen.

Jeder Mensch ist einzig und allein für sein eigenes Leben verantwortlich. Schreiten wir auf diesem Weg voran, müssen wir anderen Menschen ebenfalls erlauben, ja sogar darauf bestehen, dass sie in gleicher Weise für sich selbst Verantwortung übernehmen und sich nicht länger auf uns verlassen.

Dieser Schritt macht uns jedoch nicht unbedingt beliebt. Die meisten Menschen ziehen es vor, wenn ein anderer Mensch für sie die Verantwortung übernimmt. Ihnen jedoch zu gestatten, weiterhin abhängig zu bleiben, beraubt sie der Gelegenheit, selbst ihre Muskeln zu stärken und ihre eigenen Herausforderungen zu schultern, anstatt ihnen auszuweichen oder von anderen zu erwarten, dass sie ihre Aufgaben erledigen.

Von öffentlichen Personen wird oft erwartet, dass sie diese zusätzliche Last auf sich nehmen. Teilweise ist das dem Mythos zuzuschreiben, der um sie entstanden ist und der den Eindruck erweckt, sie seien wichtiger, mächtiger und klüger, als sie tatsächlich sind.

Als ich durch meine Arbeit immer bekannter wurde, musste ich feststellen, dass viele Menschen von mir erwarteten, dass ich sie mit Hilfe eines Zauberstabs von physischen Krankheiten heile, ihnen zeige, wie sie wohlhabend und erfolgreich werden könnten, wie ihre Eheprobleme erfolgreich zu lösen seien, wie sich ihre Kinder auf wundersame Weise nach ihrem Wunsch verändern könnten und viele andere Kunststücke mehr. Ich habe durch diese Arbeit gelernt, dass, selbst wenn ich diese Fähigkeiten besäße, ich mich weigern würde, sie anzuwenden, denn es würde den Fortschritt eines Menschen verhindern, bestenfalls verzögern, wenn ein anderer dessen Lern-, Versuchs- und Schulungsprozess übernähme. Jeder von uns ist dafür verantwortlich, sein eigenes, individuelles Karma aufzuarbeiten. Diese Arbeit können wir niemandem abnehmen, wie auch kein anderer Mensch für uns die Verantwortung übernehmen kann.

Wie Träume auf Flicken hinweisen können

Seit Jahren werde ich von vielen Menschen immer wieder gebeten, ein Buch über Traumdeutung zu schreiben. Doch vorher waren andere Bücher an der Reihe. Ich habe aufgehört, das Thema des zu schreibenden Buches meinen Wünschen entsprechend auszuwählen, genauso wie ich das Thema einer Rede oder eines Seminars nicht mehr im Voraus festlege. Ich weiß nur zu gut, dass ich mit meinem begrenzten Wissen weder reden noch schreiben könnte, und versuchte ich es trotzdem, würde es misslingen. Wenn ich auf die letzten Jahre zurückschaue, bin ich über die Folgerichtigkeit der erschienenen Bücher erstaunt.

Als mir zum Beispiel das Thema dieses Buches offenbart wurde, hatte ich nicht die geringste Ahnung, dass es ein Kapitel über Träume enthalten würde. Es ist zwar kein reines Buch über Träume, aber dieses erscheint vielleicht später. Und wieder heißt es: »Nicht ich entscheide, sondern du, Höheres Bewusstsein, entscheidest zur rechten Zeit.« In anderen Worten: »Dein Wille geschehe, nicht meiner.«

Ich erkenne nun klar, dass Träume und ihre Deutung ein zusätzliches Mittel sind, sich von Schichten oder Flicken zu befreien, die das Licht verdunkeln. Woraus setzen sich aber diese Flicken zusammen, in denen noch Energie aus vergangenen Leben steckt? Wie sollen wir mit ihnen umgehen, zumal wir sie in dieses Leben mitgebracht haben?

Sie setzen sich aus der Gesamtheit unserer Beziehungen zu allen materiellen und immateriellen Gegenständen zusammen, also zu Menschen, Gewohnheiten und vielen anderen Dingen, von denen wir abhängig sind. Die beste Lösung wäre, sich mit einer großartigen Geste der Kapitulation von allen Bindungen auf einmal zu trennen. Dies ist jedoch aus dem einfachen Grund nicht möglich, da wir von den meisten Bindungen keine Ahnung haben. Zunächst müssen wir uns der einzelnen Flicken bewusst werden und die in ihnen enthaltenen Lektionen lernen, dann erst können wir, wenn sich ihr Sinn erfüllt hat, einen nach dem anderen entfernen.

Unsere Persönlichkeit und der gegenwärtige physische Körper werden von unseren Gewohnheiten, Neigungen, Verhaltensweisen, Wünschen und den vielen Rollen, die wir spielen, geprägt. Im Lauf seines Lebens spielt jeder von uns viele verschiedene Rollen, die er entweder im Säuglingsalter oder in früher Kindheit angenommen hat oder die aus einem vergangenen Leben herrühren. Oft hat es den Anschein, als wären wir in einem Gefängnis eingesperrt und könnten nicht entrinnen. Dieses Gefängnis kann aber Stein für Stein abgetragen werden, sobald wir unser Gefangensein erkennen und uns von den verschiedenen Aspekten trennen. Dies setzt allerdings voraus, dass wir unser Verhalten sehr genau beobachten, besonders die Reaktionen anderer Menschen auf uns.

Manche Flickendecken enthalten immer wieder Flicken aus gleichem Material. Dasselbe trifft auch auf unser Leben zu. Die wichtigste Lektion wird ständig wiederholt, bis wir die darin enthaltene Botschaft irgendwann einmal verstehen. Ein Flicken könnte zum Beispiel einen Hinweis auf unseren Mangel an Geduld und Toleranz enthalten, ein anderer den Hinweis auf unseren Mangel an Mitgefühl, also Eigenschaften, die in diesem Leben entwickelt werden sollten.

Die Lebensbedingungen, in die wir hineingeboren werden, bieten uns die notwendigen Voraussetzungen, um die verschiedenen Lektionen zu lernen und das angehäufte Karma auszugleichen. Diese Verhältnisse wurden der Aufgabe entsprechend genau angepasst. Die Flickendecke entspricht also dem von uns mitgebrachten Programm, mit dem wir unser Karma ausgleichen können. Alle unsere Familienangehörigen sind notwendige Lehrmeister. Wir können tatsächlich voneinander lernen, nur wissen wir von dieser so wichtigen Tatsache nichts. Wir erkennen nicht, dass wir die wunderbare Möglichkeit haben, uns zu fragen, was wir eigentlich aus den verschiedenen Lektionen lernen könnten, anstatt uns ständig über sie zu beschweren. Warum suchen wir nicht nach unseren eigenen Fehlern und Schwächen und fragen uns, wie wir unliebsame Angewohnheiten und Mängel beheben könnten?

Bei der Suche nach Selbsterkenntnis können Träume helfen, unbewusste Schwächen aufzudecken. Um diesen Prozess zu unterstützen, können wir bewusst um Träume bitten, die uns auf diese unbewussten Tendenzen aufmerksam machen. Nur wenige Menschen wissen, dass sie um einen Traum bitten können, der sie in dieser Richtung unterstützt. Ich erinnere mich noch genau an die Zeit, als ich einen derartigen Versuch als lächerlich abgetan hätte. Die meisten Menschen sind der Meinung, dass Träume einfach da sind, und fragen sich niemals, warum und woher sie kommen.

Manche Menschen klagen darüber, niemals zu träumen, aber das entspricht nicht der Wahrheit. Jeder Mensch träumt, nur kann sich nicht jeder beim Aufwachen daran erinnern. Träume scheinen wie Schneeflocken in der Sonne dahinzuschmelzen, wenn man sie festhalten will. Wir müssen uns also bemühen, uns an die Träume zu erinnern.

Zwei einfache Methoden können uns dabei helfen. Wir sollten einen Notizblock mit Bleistift (auf einem Tisch oder Regal in der Nähe) bereithalten, um den Traum sofort nach dem Erwachen, wenn wir uns noch genau an ihn erinnern, aufzuschreiben. Neue, recht brauchbare Stifte mit einem kleinen eingebauten Lämpchen erleichtern das Aufschreiben, ohne den noch schlafenden Partner zu wecken. Es gibt also keine Entschuldigung, einen Traum nicht festhalten zu können, ehe er wieder aus dem Gedächtnis verschwindet!

Die andere Methode ist, z.B. ein Mobiltelefon (oder ein anderes Aufnahmegerät) griffbereit neben sich zu legen, um von dem Traum sofort nach dem Erwachen eine Sprachaufnahme zu machen. Der Inhalt des Traumes kann dann abgehört und aufgeschrieben werden. Diese Methode kann Personen, die lebhafte und verwickelte Träume haben, helfen, sich besser an Details zu erinnern.

Träume können eine große Hilfe sein. Sie gleichen einem Spiegel, der unsere verschiedenen, manchmal noch völlig unbewussten Aspekte reflektiert, und machen sie so unserer Aufmerksamkeit zugänglich. Es bedarf also einer Methode, um die im Traum enthaltenen Botschaften zu deuten, damit der Träumende von ihrem Inhalt profitieren kann.

Es gibt viele Methoden, Traumbotschaften zu deuten, und alle können hilfreich sein. Ich möchte noch einmal wiederholen, dass ich nicht selbst über die Methode entscheide, ebenso wenig wie über den Inhalt der Bücher, der Reden und der Seminare. Das Höhere Bewusstsein gab sie mir, als ich darum bat. Diese Methode ist keinesfalls die einzige oder die beste, sie hat sich aber als ein einfaches Mittel erwiesen, unsere versteckten oder unbewussten Persönlichkeitsbereiche zu beobachten. (»Unbewusst« bedeutet, weder das Wissen noch die bewusste Kenntnis über etwas zu haben, was andere Menschen durchaus zu erkennen glauben.)

Wenn Menschen versuchen, uns auf eine Angewohnheit oder auf etwas hinzuweisen, was uns nicht bewusst ist, nehmen wir sofort an (und sagen es ihnen auch), dass sie sich das nur einbilden und dass es nicht stimmt. Aus diesem Grunde ist es sinnlos und reine Zeit- und Energieverschwendung, andere Menschen auf einen bestimmten Fehler, auf Angewohnheiten oder auf ihr Verhalten anderen Menschen gegenüber aufmerksam zu machen, falls sie nicht selbst bereit sind, darüber nachzudenken. Sie würden es nicht glauben und es als ein Phantasieprodukt, als Illusion abtun.

Träume entspringen dem Inneren des Träumenden, folglich wird uns etwas Unbekanntes über uns selbst offenbart und nicht über einen anderen Menschen. Da es sich um unsere eigene, persönliche Einsicht handelt, wird sie auch bereitwilliger akzeptiert. Somit können wir ein weiteres Hindernis zur Selbsterkenntnis loslassen.

Ebenso wie lebende Menschen uns einen Spiegel vorhalten können, um verdeckte Tendenzen zu offenbaren, können dies auch die im Traum erscheinenden Menschen tun.

Um von den im Traum offenbarten Einsichten zu lernen, müssen wir sofort nach dem Erwachen eine Liste der Personen anfertigen, die uns im Traum erschienen sind. Dann sollten wir niederschreiben, was uns zu jeder Person einfällt: was für eine Persönlichkeit sie ist, welche Charaktereigenschaften, Gewohnheiten, Veranlagungen und Fehler sie hat usw. Ist diese Person aufrichtig, vertrauenswürdig, fürsorglich, mitfühlend, faul, notorisch unpünktlich, dominant, ängstlich oder sorgenvoll?

Jede einzelne Person kann uns auf einen uns noch unbewussten Aspekt hinweisen und somit auf die Notwendigkeit, uns von dieser negativen Eigenschaft zu trennen. Wir können aber durch die Personen im Traum auch auf positive, uns fehlende Aspekte aufmerksam gemacht werden. Wenn das der Fall ist, sollten wir uns bemühen, diese zu entwickeln.

Träume können uns auch auf die verschiedenen, von uns angenommenen Rollen aufmerksam machen, und zwar durch die jeweiligen Personen, die sie im Traum spielen. Dadurch können wir uns von diesem ständigen Rollenspiel befreien, auch wenn es unter bestimmten Umständen nicht angemessen erscheint.

Erscheinen Eltern im Traum, wird uns wahrscheinlich ihre Einstellung zu bestimmten Themen aufgezeigt, auf die wir als Kinder reagiert haben. Das bedeutet, wir sollten uns von ihrer Kontrolle lösen.

Es ist äußerst wichtig, dass wir uns ehrlich und aufrichtig bemühen, die uns in Träumen offenbarten Einblicke zu erkennen und zu akzeptieren, so dass wir uns von ihrem Einfluss befreien können, denn sie veranlassen uns immer wieder, in einer bestimmten, aber nicht mehr adäquaten Weise zu handeln.

Wir müssen also zuerst Detektiv spielen und die in unseren Träumen vermittelten Botschaften entschlüsseln, bevor wir unsere Fehler korrigieren können. Wir sollten auch nicht vergessen, dass wir andere Menschen nicht ändern können – und auch nicht sollten. Sie sind für sich selbst verantwortlich und wir würden sie nur der Möglichkeit berauben, ihre eigenen Muskeln zu stärken. Wir können nur uns selbst ändern und diese Aufgabe ist für die meisten Menschen schon schwierig genug, aber mit Hilfe unserer Träume ist sie leichter zu bewerkstelligen.

Teil II

Karmische Indikatoren

Die Karmalehre

Die Karmalehre und alles, was sich aus ihr ergibt, findet eine zunehmende Anerkennung, dennoch ist sie für viele Menschen weiterhin ein unbeliebtes Konzept. Ein wesentlicher Grund für den Widerstand gegen dieses kontroverse Thema ist die weit verbreitete Praxis, lieber anderen Menschen die Schuld für die eigenen Probleme – und für alles Unangenehme, was uns zustößt – zuzuweisen, als sich selbst dafür verantwortlich zu fühlen. Das ist jedoch absolut sinnlos. Die Arbeit mit dem Höheren Bewusstsein hat uns Folgendes gelehrt: Wir ziehen genau das an, was uns hilft, zu verstehen, wer wir sind und warum wir hier sind, und Eigenschaften wie Geduld, Toleranz, Aufrichtigkeit, Mitgefühl und andere Yin-Qualitäten zu entwickeln. Nur so können die in der Welt vorherrschenden Yang-Tendenzen (aggressives und verstandesbetontes Verhalten) ausgeglichen werden.

Anstatt andere Menschen zu kritisieren, sollten wir uns selbst beobachten und die Verantwortung für unseren eigenen Reifungsprozess übernehmen, denn aus diesem Grunde wurden wir wiedergeboren. Die meisten von uns glauben nur allzu gerne, dass sie in den vergangenen Leben stets engelsgleich gehandelt haben. Ich bin mir aber sicher, dass dies nicht der Fall ist! Da ich selbst die Gelegenheit hatte, einige meiner vergangenen Inkarnationen auf Erden zu erfahren, kann ich bezeugen, dass ich mich in einigen Inkarnationen alles andere als engelsgleich verhalten habe.

Eine Lehre, die mir beigebracht wurde, scheint der Wahrheit recht nahe zu kommen. Karma kann mit einem Bumerang oder einer Brieftaube verglichen werden: Beide werden in die Welt hinausgesandt und kehren stets zu ihrem Absender zurück.

Wir benutzen unsere eigene Energie als Antriebskraft für unsere Gedanken, Gefühle, Worte und Taten. Tatsächlich können wir ohne Energieaufwand nichts zustande bringen. Also projizieren wir sie entsprechend unseren Vorstellungen auf die verschiedensten Wunschgebilde und erwarten, sie mögen sich erfüllen.

Wir denken oder sprechen beispielsweise schlecht über einen Menschen und wissen überhaupt nicht, welche Wirkung unsere Gedanken oder Worte auf diesen haben. Da wir diese üblen Gedanken aber mit unserer eigenen Energie auf jenes unselige Individuum gelenkt haben, kommen sie irgendwann in der Zukunft und in gleicher Weise auf uns zurück, vielleicht sogar noch in diesem Leben. Ist dies der Fall, sprechen wir von einem schnellen Karma. Die gleiche Lehre gilt auch für unser Handeln. Hier ist das Ergebnis allerdings offensichtlicher, da Ursache und Wirkung leichter festzustellen sind. Was wir aber oft nicht begreifen, ist, dass wir selbst und niemand anderes dieses Geschehen initiiert haben. Es muss daher zu gegebener Zeit auf uns zurückfallen, denn nur so können wir daraus lernen.

Manche Menschen halten die Rückführung in vergangene Leben für notwendig, um sich besser an alle Einzelheiten erinnern zu können. Tatsächlich scheint es modern geworden zu sein, sich mit dieser Art von Nachforschung zu beschäftigen. Sie ist jedoch weder notwendig noch unbedingt ratsam. Manchmal haben Rückführungen auch einen gegenteiligen Effekt, da sie die vergangenen Erlebnisse, die freigesetzt werden sollten, nur umso tiefer in das Unbewusste eingraben können. Normalerweise reicht es, sich über das gegenwärtige Geschehen Rechenschaft abzulegen und sich zu fragen, auf welche Weise die einzelnen Ereignisse irgendwann in der Vergangenheit verursacht worden sind.

Wir vergessen, dass für den unbewussten Teil unseres Gehirns die Botschaft weitaus wichtiger ist, dass das im Flicken enthaltene »Leben« aufgebraucht wurde und wir bereit sind, uns anderen Flicken zuzuwenden. Diese enthalten noch freizusetzende Energie, die schöpferischer angewendet werden kann. Nur wenn wir die in jedem Flicken enthaltene Lektion lernen, können wir ihn auch entfernen. Wir sollten uns also fragen, ob wir bereit sind, die sich uns bietende Lektion geduldig aufzuarbeiten, und ob wir uns aufrichtig wünschen, ein altes, negatives Verhaltensmuster abzulegen und durch ein positives zu ersetzen. Wir können aber auch die Lektion ablehnen und uns weiterhin bitterlich über unser Schicksal beschweren.

Müssen wir in diesem Leben unverhältnismäßig viel Verantwortung übernehmen, stöhnen wir unter dieser Last und fragen uns nach dem Grund dieser unerträglichen Situation? Vielleicht haben wir in einem vergangenen Leben Verantwortung gemieden und da wir unserer Pflicht nicht nachgekommen sind, mussten andere Menschen darunter leiden, die ihrerseits gezwungen wurden, sie für uns zu übernehmen.

Leben wir heute in einer Beziehung mit einem Partner oder einem anderen uns nahe stehenden Menschen, der äußerst selbstsüchtig und egoistisch ist? Vielleicht waren wir irgendwann einmal ebenso selbstbezogen und müssen jetzt erfahren, wie schwierig ein solches Verhalten für die Menschen sein kann, mit denen wir in engem Kontakt stehen. Es kann sich dabei um unsere Familie handeln, um Menschen am Arbeitsplatz oder um Freunde oder Bekannte.

Haben wir als Autoritätsperson Straftäter für ihre Verbrechen unnötig streng verurteilt? Was widerfährt uns in unserem heutigen Leben, damit wir besser erkennen, wie schmerzhaft unser vergangenes Verhalten war? Haben wir Eltern gewählt, die übermäßig streng sind? Haben wir die Kreativität eines anderen unterdrückt und leiden heute unter einer wie auch immer gearteten Einschränkung?

Diese Beispiele sind Anregungen für unsere Suche nach möglichen vergangenen Verhaltensweisen, die wir heute auszugleichen haben. Wir müssen in uns selbst nachforschen, unsere gegenwärtigen so genannten Probleme und Enttäuschungen genau anschauen und uns aufrichtig fragen, wie wir heute unser vergangenes Verhalten korrigieren und begangene Fehler ausgleichen können.

Alles, was im Leben geschieht, bietet uns die Gelegenheit, uns von Bindungen zu Menschen oder Dingen zu lösen, die uns beherrschen. Wenn wir Traumata aus diesem Blickwinkel betrachten, können sie uns auf die Notwendigkeit hinweisen, die Fesseln zu weiteren Sicherheiten und Autoritätspersonen zu durchtrennen. Sobald wir uns der Möglichkeit des Loslassens bewusst werden und nicht länger versuchen, die Situation, die uns darauf aufmerksam gemacht hat, zu beherrschen, wird sie sich auflösen. Weigern wir uns aber, sie zu akzeptieren, und versuchen wir, ihr zu widerstehen und sie zu bekämpfen, wird sie nur stärker auf uns einwirken. Wenn wir es tatsächlich schaffen sollten, dem Höheren Bewusstsein für die Lebensbedingungen, Situationen und menschlichen Beziehungen zu danken, die uns Leid zufügen, werden sie umso schneller verschwinden.

Das setzt allerdings unser Bemühen voraus, die verschiedenen Lebensumstände, Erfahrungen und Beziehungen genau zu hinterfragen, um feststellen zu können, welche vergangene Verhaltensstrukturen diese ausgelöst haben könnten und jetzt deckungsgleich auf uns zurückfallen. Es lohnt sich sehr, sich dieser Prüfung ehrlich zu unterziehen und den möglichen Ursachen unserer gegenwärtigen Probleme offen ins Gesicht zu sehen. Nicht alle Schwierigkeiten werden über Nacht ausgeräumt sein, aber wir werden sie vielleicht verstehen, sie akzeptieren und sie eventuell eines Tages als Segen empfinden. In diesem Zusammenhang erinnere ich mich an eine rührende kleine Geschichte, die mit Sai Baba zu tun hat und die mir von einem Augenzeugen erzählt wurde. Die Eltern eines kleinen Mädchens besuchten Sai Baba in der Hoffnung, dass er ihre Tochter von den entstellenden Hautproblemen an beiden Armen heilen würde. Ihnen wurde ein Interview gewährt und als Baba sie fragte, was sie wünschten, baten sie ihn inständig, die Arme ihrer kleinen Tochter zu heilen. Es wird erzählt, dass Baba für einige Sekunden nachzudenken schien, ehe er antwortete. Er fragte sie, ob sie wirklich wünschten, dass er ihre Bitte erfülle. Sofort versicherten sie ihm bewegt, dass dies ihr Wunsch sei. Er schaute sie mit großem Mitgefühl an und sagte, würde er ihre kleine Tochter jetzt heilen, müsste sie mit der gleichen Krankheit wiedergeboren werden und dann hätte sie vielleicht nicht so fürsorgliche Eltern. Dann fragte er, ob sie immer noch wünschten, dass er sie heilen sollte. Bedauernd antworteten sie: »Nein, nicht unter diesen Umständen.« Dieses Kind hat einen ganz besonderen, mit Energie geladenen Flicken aus einem früheren Leben mitgebracht und ist nun gezwungen, dessen noch nicht aufgearbeitete Energie als ein Erbe vergangener Taten zu akzeptieren. Diese kleine Geschichte beantwortet die Fragen vieler Menschen, warum manche Menschen geheilt werden, während andere trotz der vielen Heilungsversuche nie gesunden.

Es scheint keinen Zauberstab zu geben, der nur bewegt zu werden braucht, um Menschen von ihren Gebrechen zu befreien. Wenn ein Mensch nicht bereit ist, die von ihm selbst zu seinem eigenen Wohl herbeigeführten Lebensbedingungen zu akzeptieren, und wenn er sich nicht bemüht, negative Züge durch positive zu ersetzen, kann er auch nicht geheilt werden. Ich selbst habe fast mein ganzes Leben lang alles Mögliche versucht, um mich von den physischen Beschwerden zu befreien, unter denen ich litt. Solange ich aber nicht die negative Energie, die sich noch in den vergangenen Taten befand, durch positive Energie ersetzte, trat keine Besserung ein. Allerdings muss ich zugeben, dass ich mich ebenfalls wie alle anderen Menschen fragte: »Warum ich?«, ehe ich die Gründe für diesen ständigen frustrierenden Misserfolg erfuhr. Als ich die Gründe wusste, bemühte ich mich, in diesem Leben positive Züge zu entwickeln.

Ich hoffe, dass ich leidenden Menschen mit diesem Wissen und diesen Einsichten helfen kann, ihre natürlichen Zweifel zu zerstreuen, und dass sie beginnen zu verstehen, was sie tun müssen. Freiheit kann nur dann erlangt werden, wenn wir bereit sind, die in der Vergangenheit liegende Ursache unserer Krankheit mit der Wurzel auszureißen, anstatt bei jedem neuen Misserfolg deprimiert zu sein. Die bestehenden Symptome werden verschwinden und der Flicken kann entfernt werden, sobald die darin enthaltene negative Energie verbraucht und durch positive ersetzt worden ist.

Ich möchte dieses Kapitel mit Zitaten aus Babas Lehren beschließen, die diesen Gedanken sehr klar wiedergeben.

»Eine allgemein akzeptierte Bedeutung von Karma ist, dass es unser Los und unser Schicksal darstellt. Es steht unauslöschlich auf unserer Stirn geschrieben und muss sich selbst abarbeiten. Es gibt kein Entrinnen. Die Menschen aber vergessen, dass dieses Schicksal nicht von fremder Hand geschrieben wurde. Es wurde von unserer eigenen Hand geschrieben und die Hand, die es schrieb, kann es auch wieder auslöschen«.[1]

»Klage nicht dein Schicksal oder *simlikhitham* an, dass es dir deine Lebensbedingungen auf die Stirn geschrieben hat. *Lithitham* wurde von dir selbst geschrieben.«[2]

---

[1] Aus *Sathya Sai Baba spricht*, Band. 3, Ansprache vom 20.10.1963, Kapitel *Loka kalyana*, 1. Auflage 1996, Seite 68

[2] Aus *Sathya Sai Baba spricht,* Band. 2, Ansprache vom 24.11.1961, Kapitel *Das Schicksal ist kein Gefängnis*, 1. Auflage 1991, Seite 79

Ein persönliches Beispiel dafür, wie Karma arbeitet

Mir ist etwas passiert, das eine mögliche direkte Verbindung zwischen einem vergangenen Leben und einem scheinbar unnötigen Unfall in diesem Leben illustriert. Ich war nach Hamburg zurückgekehrt, der Stadt, in der mein Ehemann bei einem früheren Besuch an einem Herzinfarkt gestorben war. Während meines dortigen Aufenthaltes wurde ich gebeten, eine Thanksgiving-Feier in einem Baba-Zentrum zu besuchen. Wir wurden aufgefordert, alle Dinge aufzuschreiben, für die wir Baba danken wollten. Die Listen wurden eingesammelt und laut vorgelesen, so dass wir alle von den verschiedenen Vorschlägen profitieren konnten.

Ich hielt über dieses Thema eine Rede und schloss mit den Worten, dass Baba wünscht, dass wir für alles in unserem Leben dankbar sind, ob wir uns darüber freuen oder nicht. Alles ist ein Geschenk, von dem wir in irgendeiner Weise profitieren können, auch wenn wir es jetzt noch nicht akzeptieren können oder wollen.

Nach der Rede verließen wir den Raum und gingen die Treppe hinunter zum Parkplatz. Plötzlich und ohne ersichtlichen Grund fiel ich gegen ein eisernes Geländer, schlug mit dem Kopf auf und Nase und Mund begannen fürchterlich zu bluten. Da wir alle zusammen den Raum verlassen hatten, war ich von Baba-Anhängern umgeben, aber keiner hatte diesen Unfall verhindern können. Obwohl ich ihn selbst vorausgesehen hatte, war es mir nicht gelungen, mich abzufangen. Ein Freund an meiner Seite erzählte mir später, dass er wie gelähmt gewesen war und mir trotz heftiger Bemühungen nicht hatte helfen können. Er brachte mich zum Röntgen in ein Krankenhaus und als wir ankamen, musste ich zu meinem Entsetzen feststellen, dass es dasselbe Krankenhaus war, in das mein Ehemann vor fünf Jahren eingeliefert worden und gestorben war.

Ein Arzt untersuchte mich: Für Röntgenaufnahmen war es aber bereits zu spät, da das Personal erst am nächsten Morgen um sieben Uhr wieder verfügbar war. Der Arzt wollte mich für diese Nacht im Krankenhaus behalten, um mich gleich am nächsten Morgen zu röntgen. Der Gedanke, im selben Krankenhaus zu übernachten, in dem mein Ehemann gestorben war, widerstrebte mir und ich entschloss mich, lieber am nächsten Morgen wiederzukommen. Der Arzt, der die Röntgenaufnahmen prüfte, war erstaunt. Meine Brillengläser waren bei dem Sturz nur knapp verfehlt worden. Da die Gläser nicht aus Plastik, sondern aus Glas waren – ich reagiere allergisch auf Plastik – , hätte ich erblinden können. Außerdem war ich mit der Partie unterhalb der Wangen und Nasenknochen auf das Eisengeländer gestürzt, so dass sie nicht gebrochen wurden. Meine Nase und das Zahnfleisch waren aber stark verletzt. Dieser Unfall war zwar unvermeidbar, aber ich verletzte mich weitaus weniger, als es der Fall hätte sein können. Das entspricht der Art, wie uns Baba zu helfen versprochen hat, wenn wir ihn darum bitten. Er sagt, er wird nicht gegen unser Karma handeln, aber er wird es beschleunigen und seine Auswirkungen möglichst gering halten. Ganz sicherlich hat er das in diesem Fall getan, denn ich konnte bereits am nächsten Tag nach Köln fliegen, wo ich eine Rede auf der jährlichen Sai-Baba-Konferenz halten sollte. Ich sah schrecklich aus, konnte aber dank des Höheren Bewusstseins oder Babas Hilfe problemlos sprechen.

»Warum ist das geschehen?«, fragten mich viele Menschen. Offensichtlich musste ich diese Erfahrung aus einem mir noch unbekannten Grund machen, dessen Ursprung in einem vergangenen Leben lag und an den ich mich zu dieser Zeit nicht erinnerte. Als sich dieser Unfall ereignete, hatte ich jedoch die Wahl, mich entweder über mein Los zu beschweren oder das umzusetzen, was ich im Sai-Zentrum kurz vorher gesagt hatte: Nimm es an und bedanke dich für die dir gegebene Gelegenheit, einen weiteren Flicken entfernen zu können.

Einige Wochen später, als die Wunden des Unfalls langsam verheilt waren und ich sie nicht mehr wahrnahm, fiel mir plötzlich der mögliche Grund für den Unfall ein. Ich erinnerte mich an ein vergangenes Leben, in das ich vor vielen Jahren zurückversetzt worden war, und stellte fest, dass dieser Unfall einen direkten Bezug zu meinem vergangenen Verhalten haben könnte.

Tief aufgewühlt erinnerte ich mich an ein Leben als tibetischer Mönch, der sich auf Weisung seines Lehrmeisters bereit erklärt hatte, sich auf bestimmte Zeit in eine Höhle einschließen zu lassen. Der Zweck dieser Einkerkerung war, ihm mit telepathischer Hilfe seines Meisters zu ermöglichen, sich von seinen Wünschen zu befreien. Während einer Prozession fiel sein Meister aus einer Sänfte, die von anderen Mönchen getragen wurde, und verlor vorübergehend sein Bewusstsein. Die telepathische Verbindung zwischen ihnen brach ab. Der Abbruch dieser inneren Unterstützung traumatisierte den Mönch in höchstem Maße und die Wünsche, von denen er sich befreien wollte, überwältigten ihn derart, dass er, um nicht von ihnen erdrückt zu werden, mit seinem Kopf hilflos gegen die Wände der Höhle schlug. Durch diese verzweifelte Tat verblutete er.

Der Mönch führte diese Tat mit seinem Willen und Ego aus und nicht mit Hilfe des Höheren Bewusstseins. Er hat sich also selbst und willentlich angegriffen und dadurch seinen eigenen Tod verursacht. Selbstmord ist die äußerste Kontrolle durch das Ego. Ich konnte meinen Sturz nicht verhindern und musste die Folgen einer vergangenen vorsätzlichen Tat erleiden.

Als Baba meinen Mann bei unserem ersten Besuch im Jahre 1973 fragte, was er sich wünschte, erwiderte er bemerkenswerterweise, dass er mich von meinen Kopfschmerzen heilen möchte. Baba erklärte mir, dass ich unter fünf verschiedenen Arten von Kopfschmerzen litt und nicht nur unter einer, wie ich angenommen hatte. Ich muss bei dieser Neuigkeit wohl derart entsetzt ausgesehen haben, dass er mir versicherte, mir zu helfen. Er materialisierte mir einen Ring aus sieben verschiedenen Metallen, genannt *Panchaloha*. In das Metall eingelegt war ein Mondstein, den ich täglich auf der Mitte der Stirn reiben sollte, um eine Art des Kopfschmerzes zu heilen. Das habe ich seitdem stets getan. Während Baba mir erklärte, was ich zu tun hätte, erinnerte ich mich plötzlich an mein tibetisches Leben, das ich viele Jahre zuvor entdeckt hatte, hielt vor Verwunderung die Luft an und stotterte: »O Baba«. Er antwortete: »Ja, Swami kennt auch alles über Ihre Vergangenheit.« Vermutlich hat Baba damals die ursprüngliche Ursache entfernt, es verblieben aber noch Überbleibsel des alten Flickens, der durch diesen sonderbaren Unfall vielleicht völlig entfernt wurden.

Ich kann nur hoffen, dass auf diese Weise ein weiterer Flicken aus meiner Flickendecke enträtselt wurde und nicht noch einmal erscheint.

Wie uns Flicken helfen, Karma aufzulösen

Jeder Flicken gleicht einem Magnet, der das anzieht, was wir für unseren Lernprozess benötigen. Er schließt die Menschen um uns herum ebenso ein wie Krankheiten, Ereignisse, Erfahrungen und all das, dem wir in diesem Leben begegnen. Aber nicht allen Flicken kann in einem einzigen Leben die Energie entzogen werden. Es hängt von unserer Einstellung und Bereitschaft ab, die verschiedenen Lebensumstände zu akzeptieren oder zu hinterfragen, was wir aus den einzelnen Flicken lernen können. Jeder Mensch hat bezüglich seiner Einstellung ein bestimmtes Maß an freiem Willen. Wir können beispielsweise aus den vielen verschiedenartigen Erfahrungen lernen, wir können uns ihnen aber auch widersetzen und es vorziehen, uns weiterhin zu beklagen und uns gegen das Schicksal, Gott oder das Universum aufzulehnen. Doch wie Sathya Sai Baba uns sagt, muss die Hand, die das Drehbuch für unser Leben schrieb, dieses Drehbuch auch wieder löschen. Es liegt bei uns, nach dem Sinn eines jeden Ereignisses zu fragen und ob wir aufhören, anderen Menschen oder äußeren Autoritäten die Schuld an unserem Schicksal zu geben. Wir allein sind für all das verantwortlich, was uns im Leben zustößt.

Diese Lektion ist für die meisten Menschen äußerst schwierig zu akzeptieren. Wir alle suchen lieber die Fehler bei den anderen, anstatt sie zu akzeptieren und entsprechend mit ihnen umzugehen. Wir müssen also bereit sein, uns zu fragen, was wir noch zu lernen haben und in den vergangenen Leben zu lernen versäumt haben. Dann sollten wir nach Menschen und Ereignissen Ausschau halten, die uns helfen könnten, positivere Eigenschaften zu entwickeln. Sobald wir erkennen, dass unsere so genannten Probleme in Wirklichkeit Gelegenheiten zum Lernen sind, werden wir feststellen, dass sich die Flicken auflösen. Wenn alle Flicken entfernt sind oder ihre Energie verbraucht ist, wird das Licht, das wir in Wirklichkeit sind und immer waren, sichtbar und wir werden die Fähigkeit besitzen, allen Menschen, denen wir auf unserem Lebensweg begegnen, die Liebe unseres wahren Selbst entgegenzubringen.

Kürzlich wurde mir berichtet, dass Yogananda gesagt haben soll, viele Seelen hätten in der letzten Hälfte des 20. Jahrhunderts ihre Wiedergeburt angestrebt. Denn dann hätten sie die Möglichkeit erhalten, das Karma mehrerer Leben auf einmal aufzuarbeiten und nicht nur das eines Lebens. Diese Aussage macht verständlich, warum so viele Menschen mit einer Unzahl schwieriger Probleme konfrontiert werden, die sie akzeptieren und mit denen sie umgehen müssen, seien sie physischer, geistiger, emotionaler oder spiritueller Art.

Dies könnte auch einer der Gründe dafür sein, warum Sathya Sai Baba zu diesem Zeitpunkt des Weltgeschehens menschliche Gestalt angenommen hat, so wie früher in ähnlichen Krisenzeiten andere Avatare und große Meister zurück auf die Erde kamen.

Anstatt uns von den Ereignissen deprimieren zu lassen, aufzugeben, zu leiden und nichts zur Verbesserung unserer Lebenssituation zu unternehmen, könnten wir das Höhere Bewusstsein um die Kraft bitten, mit jedem neu auftretenden Problem besser umgehen zu lernen. Nur wenn wir mit der inneren Überzeugung bitten, dass uns geholfen wird, wird uns auch die Kraft und die Weisheit gegeben werden, um das Problem zu lösen. Brechen wir aber vor Selbstmitleid zusammen, werden wir keinen Fortschritt machen und unnötig weiter leiden, bis wir irgendwann absolut unfähig sind, uns selbst zu helfen. Unsere Einstellung zu allem bisher Gelernten muss sich radikal ändern. Die Frage »Warum ich?« muss aufgegeben und ersetzt werden durch »Was kann ich daraus lernen?« oder »Wie kann ich das mit der Hilfe des Höheren Bewusstseins lösen?«. Die so veränderte Einstellung bewahrt uns vor Depression und Hilflosigkeit, denn diese Eigenschaften verhindern eine Lösung jeglicher Probleme.

Wir können diese Übung als eine Art Schatzsuche betrachten, bei der wir bestimmte Anhaltspunkte bekommen. Folgen wir diesen Anhaltspunkten oder Zeichen, können wir den Schatz bergen und uns von den Folgen unserer vergangenen Taten befreien. Einige Flicken, die wir aus der Vergangenheit mitgebracht haben, können somit entfernt werden. Das

Leben wird so zu einem Abenteuer, denn wir wissen nie, welcher Flicken als Nächstes zu bearbeiten ist.

Da jeder Flicken aus einem vergangenen Leben stammt, als die Seele noch in einer anderen Körper-Persönlichkeits-Hülle weilte, formt die Kombination dieser Flicken aus den vielen vorherigen Leben eine neue Körper-Persönlichkeit oder Flickendecke. Lernen wir aber heute die Lektion, die wir in vergangenen Leben versäumt haben, bietet sich uns die Gelegenheit, die in jedem Flicken verbliebene Energie aufzubrauchen. Wenn das Leben oder die in einem Flicken enthaltene Energie aufgebraucht wurde, fällt er wie eine alte Haut oder ein abgetragenes Stück Stoff ab, bis nur noch wenige Flicken übrig sind und das einst verdunkelte Licht des Höheren Bewusstseins wieder voll erstrahlen kann. Dieser Prozess kann sich über viele Lebenszeiten erstrecken, zumal in jedem Leben neue Flicken erzeugt werden und gleichzeitig viele alte Flicken noch lebendig sind.

Diese Theorie schüchtert viele Menschen ein. Sie fühlen sich von der enormen Aufgabe überfordert und geben hilflos jeden Versuch auf, sich dieser zu stellen. Das Leben konfrontiert uns aber in der Regel mit genau den Umständen, die es uns ermöglichen, zumindest einige Flicken zu entfernen. Dies ist ein unbewusster Prozess, der erst nach vielen Leben abgeschlossen werden kann.

Die Aspekte des heutigen Kali Yuga, des »Eisernen Zeitalters von Streit und Heuchelei«, scheinen negativ zu sein, sind aber genau die Voraussetzungen, die Druck auf uns ausüben und uns dazu bringen, unseren Reife-und Lernprozess zu beschleunigen oder unterzugehen. Erfreulicherweise gibt es heute viele Methoden, die bewussten und selbstkritischen Menschen helfen, alte Flicken zu entfernen. Nur so lernen wir zu verstehen, was wir in den vergangenen Leben nicht gelernt haben.

Damit sich das Wahre Selbst oder das Höhere Bewusstsein offenbaren kann, müssen alle Hüllen (vergleichbar mit Lampenschirmen) entfernt werden, so dass das Licht in vollem Glanze leuchten kann. Ist das erreicht, sprechen wir von Illumination, Erleuchtung oder Selbstverwirklichung. Erst dann kann das Licht oder das Höhere Bewusstsein im Leben eines jeden Menschen wirksam werden und das Ego verliert seine Herrschaft.

Eine Methode, die sich mir über viele Jahre hinweg allmählich offenbarte, kann diesen Prozess unterstützen. Sie ist nicht die einzige Methode. Sie bewirkt jedoch, falls sie regelmäßig angewandt wird, dass ein Flicken nach dem anderen entfernt werden kann. Es geht nicht so sehr darum, ob diese Methode zur Erleuchtung führt, als um den dadurch eingeleiteten Lernprozess. Nicht das Ziel bedarf unserer ungeteilten Aufmerksamkeit, sondern der Weg dorthin, denn mit reinem Herzen ausgeführt, werden diese Übungen uns schrittweise zur Vereinigung mit dem Höheren Bewusstsein führen. Wir können dieses Ziel weder direkt und ohne Anstrengung noch mit einem großen Sprung erreichen.

Die Übungen, die in dem Buch »*Die inneren Fesseln sprengen*« beschrieben werden, können Menschen von vielen Flicken befreien, die sie aus vergangenen Verhaltensweisen geerbt haben. Werden die Flicken entfernt, die das Wahre Selbst verhüllen und verdunkeln, kann Es sich leichter offenbaren und Seinen rechtmäßigen Platz als einzig zuverlässiger Meister in unserem Leben erhalten. Wenn wir uns der einzelnen Flicken, die unser Licht verdunkeln, gewissenhaft annehmen, können wir dieses Licht wieder scheinen lassen.

Es gibt verschiedene Möglichkeiten, einen Blick auf die unzähligen, meist unbewussten Schichten zu werfen, die wir während unserer vielen Leben angesammelt haben. Diese Schichten zwingen uns zur Wiedergeburt, bis wir uns irgendwann einmal von ihnen befreien und sein können, was wir sind und was wir immer waren – obwohl wir von unserer wahren Identität bis dahin nichts wussten.

Gerade der täglich zunehmende Stress kann Menschen veranlassen, sich aus ihrer Lethargie zu befreien. Jedes neue Leben schenkt uns diese Möglichkeit. Unser gegenwärtiges Leben kann uns aus purer Frustration über unsere Schwächen und Probleme auf diesem Weg vorantreiben. Auf diese Weise werden uns ausgerechnet die vielen Probleme helfen, unsere Frustration und den Stress zu besiegen.

Während einer Meditation wurde mir ein Mantra vorgestellt, das diesen Prozess erfolgreich unterstützen kann. Es lautet: »Hingabe, Vertrauen, Annehmen«. Wir können bewusst unseren persönlichen Willen dem Höheren Bewusstsein »hingeben«. Da Es unsere eigene, begrenzte

Persönlichkeit weit übersteigt, können wir Ihm »vertrauen«, dass Es uns genau das gibt, was wir für unsere Entwicklung benötigen. Dann müssen wir »annehmen«, was uns auch immer gegeben wird. Diese Übung wird die Umkehr zu unserem Ursprung einleiten, von dem wir schon zu lange getrennt waren. Sobald wir uns Seiner Führung anvertrauen und Ihm gestatten, durch uns zu leben, eröffnen sich uns viele unvorhersehbare Möglichkeiten, die uns irgendwann aus der von unserem Ego erschaffenen Dunkelheit herausführen, dem Licht, unserem wahren Sein, entgegen.

Es besteht jedoch die Gefahr, dass der Wunsch nach Erleuchtung so stark wird, dass wir, anstatt alle Hindernisse wegzuräumen, versuchen werden, den Anschein von Erleuchtetsein zu erwecken, obwohl wir weiterhin dem Diktat des Egos folgen. Solche Menschen tragen ihre eingebildete Spiritualität wie ein Rangabzeichen oder eine Maske mit sich herum. Es ist sinnlos, das Licht von außen scheinen zu lassen oder es als Rolle oder Maske zu benutzen, denn dadurch entsteht nur ein weiterer Lampenschirm oder eine zusätzliche Flickendecke, die die alten Verhaltensmuster verbirgt und das wahre Licht verdeckt.

Meistens ist uns nicht bewusst, wer wir wirklich sind. Von Kindheit an hat man uns beigebracht, unseren Körper, unseren Verstand und unsere Persönlichkeit als die wahre Person zu betrachten. Es bedarf eines Spiegels, um alle außen aufliegenden Flicken sehen zu können; um das Höhere Bewusstsein zu offenbaren, müssen diese aufgelöst werden. Eines der besten Mittel, die Überlagerungen zu entdecken, ist mit Hilfe von Träumen.

Wie Flicken entfernt werden können

Wir bringen also in jedes neue Leben eine Flickendecke mit, die sich aus den verschiedenen Aspekten vergangener Leben zusammensetzt, welche selbst noch »Leben« in sich bergen. Sie zeigen an, was wir noch zu lernen haben. Bevor wir sie aber entfernen können, müssen wir uns ihrer bewusst werden. Und um dies zu erreichen, bitten wir das Höhere Bewusstsein, unser alleiniger Lehrer zu sein.

Diese Aufgabe ist nicht angenehm. Niemand gibt gerne seine eigenen Fehler zu. Die meisten Menschen verstecken sie. Wir leugnen ihre Existenz und machen uns – und anderen vor, so unschuldig wie frisch gefallener Schnee zu sein. Was aber sind das für Fehler, die wir uns nicht eingestehen wollen? Jeder Mensch hat andere Fehler. Sie hängen von den Flicken ab, die wir uns, auf der Ebene des Höheren Bewusstseins, für dieses Leben zu bearbeiten vorgenommen haben.

Einige sehr verbreitete Mängel sind: Wut, Eifersucht, Neid, Gier, Geiz, Stolz, Eitelkeit, Angst, Herrschsucht, Aggression, Egoismus, Selbstsucht, Faulheit, Trägheit und viele andere mehr. Analysieren wir diese Mängel, stellen wir fest, dass sie alle durch Wünsche verursacht werden oder mit Wünschen in Zusammenhang stehen. Entweder mögen wir etwas oder jemanden oder wir versuchen etwas oder jemanden zu meiden.

Wir sollten aber keinesfalls versuchen, uns mit allen Fehlern auf einmal zu beschäftigen. Diese Aufgabe würde uns entmutigen und nur dazu führen, dass wir sie auf unbestimmte Zeit verschieben würden oder zumindest auf einen zukünftigen Zeitpunkt, der uns geeigneter erscheint. Um diese unangenehmen Eigenschaften aufzudecken und abzulegen, gibt es eine hilfreiche Methode. Man braucht dazu bunte Karten oder Notizzettel:

Wähle eine Karte in einer bestimmten Farbe und schreibe die negativen Gefühle auf, sobald sie dir bewusst werden. Neid könnte auf eine grüne Karte geschrieben werden, entsprechend dem Ausdruck »grün vor Neid«,

Eifersucht auf eine gelbe Karte, da diese gewöhnlich mit der Farbe Gelb in Zusammenhang gebracht wird, Angst auf eine weiße, da viele Leute vor Angst weiß werden, Wut auf eine rote Karte, da manchen Leuten die Wut das Blut ins Gesicht treibt usw.

Um sich nicht zu überfordern, ist es ratsam, zunächst nur mit einer Gefühlsregung zu beginnen. Jeder Mensch hat andere Emotionen zu bearbeiten. Schreibe deine wie oben erklärt auf und füge nach und nach weitere hinzu.

Menschen, die oft in deinen Träumen auftauchen, können unbewusste Flicken verkörpern, auf die du aufmerksam werden sollst. Jede Traumfigur überbringt dem Träumenden eine Botschaft und kann daher als Spiegel benutzt werden, um einen Flicken zu erkennen. Träumst du von jemandem, der wütend, eifersüchtig, neidisch ist oder eine andere schlechte Angewohnheit hat, dann prüfe, ob du ebenso reagierst und ob dir dieses Verhalten bewusst war, ehe dich der Traum darauf aufmerksam machte.

Vergangene Herrschsucht und ihre gegenwärtige Wirkung

Wenn wir andere Menschen beherrschen, merken wir oft überhaupt nicht, dass sie äußerst empfindlich auf unser Verhalten reagieren. Wie könnte man diese Lektion besser lernen als in einem späteren Leben als hypersensitive Person geboren zu werden? Im gegenwärtigen Leben wäre es angebracht, eine erhöhte Sensibilität zu haben, um sich vollkommen bewusst zu werden, wie schmerzvoll es sein kann, unsensibel behandelt zu werden. Sensibilität schließt nicht nur die Reaktion auf dominante Personen ein, sondern auch auf alle nervenaufreibenden Zustände, wie Lärm, extreme Hitze und Kälte, starke Parfums, scharf gewürzte Nahrung, grelles Licht und vieles mehr, was andere Menschen kaum bemerken. Anstatt unser Schicksal zu beklagen, falls wir zu dieser Art von Menschen gehören, sollten wir uns lieber fragen, warum wir in einem derart sensiblen Körper wiedergeboren wurden. Sollten wir vielleicht etwas mitfühlender mit anderen Menschen sein, die ebenso sensibel sind? Die einzige Möglichkeit, daraus zu lernen, besteht darin, zu akzeptieren, dass uns heute genau das widerfährt, was wir früher anderen zugefügt haben. Waren wir anderen Menschen gegenüber rücksichtslos, können wir das nur nachempfinden, wenn wir ebenso rücksichtslos behandelt werden. Ich wiederhole: »Die Hand, die das Drehbuch schrieb, ist auch die Hand, die es wieder löschen muss.« Nur so können wir verstehen, dass unser vorheriges Handeln falsch war, und wenn wir diese Tatsache begreifen, können wir sie auch beheben. Auf diese Weise wird die im Flicken noch vorhandene Energie verbraucht und der abgetragene Flicken kann entfernt werden.

Viele Krankheiten und Gebrechen gehen auf dieses Konto. Je eher wir uns fragen: »Was kann ich in einem vergangenen Leben getan haben, das meinen heutigen Zustand auslöste?«, desto schneller können wir den Flicken entfernen.

Viele Menschen sind über diese Theorie entrüstet und argumentieren, dass sie ihr ganzes Leben selbstlos und fürsorglich waren, und fragen, warum sollten sie dann mit so vielen Problemen konfrontiert werden? Ich wiederhole, wir alle wären in vergangenen Zeiten gerne Engel gewesen, aber das ist definitiv nicht der Fall. Es bedurfte vieler Leben, um zu lernen, und in ebenso vielen Leben haben wir die notwendigen Lektionen nicht gelernt und einen sehr selbstsüchtigen und negativen Weg beschritten. Aber nicht nur unser gegenwärtiges Handeln bestimmt unser Leben, sondern auch unser vergangenes. Wenn wir einen Menschen durch unsere Gedanken, Gefühle, Worte oder Taten verletzt haben, müssen wir damit rechnen, in gleicher Weise behandelt zu werden, um die Waage der Gerechtigkeit auszugleichen. Wir haben daher keinerlei Anlass, andere Menschen, das Schicksal oder die Welt dafür anzuklagen. Die äußeren Einflüsse bieten nur die Gelegenheit und die Bedingungen, um uns zurückzuzahlen, was wir früher verursacht haben. Wir allein sind dafür verantwortlich, niemand und nichts sonst.

Wir selbst haben unseren gegenwärtigen Körper mit den für uns notwendigen mütterlichen und väterlichen Erbanlagen gewählt. Ich bin oft erstaunt, wenn ich Kindern gleicher Eltern begegne, die jeweils verschiedene Charakterzüge aus dem Familienvorrat kollektiver Gene erbten. Manche Geschwister erben körperliche Probleme, andere geistige oder emotionale. Es hängt von ihrem Karma ab und davon, was sie sich, auf der Ebene des Höheren Bewusstseins, in diesem Leben aufzuarbeiten entschlossen haben.

Ich erinnere mich noch, wie dieses interessante und schwierige Thema zum ersten Mal in meiner Arbeit auftauchte. Ich war damals sehr erleichtert zu erfahren, dass ich nicht direkt für einige problematische Erbanlagen meiner beiden Töchter verantwortlich war, die sie aus meiner Familie hatten.

Viele Menschen betrachten ein Horoskop für ein neugeborenes Kind als hilfreich, da es die verschiedenen angeborenen Verhaltensmuster andeutet. Ich selbst hielt von Geburtshoroskopen wenig, da sie mir zu unlogisch erschienen. Besonders dann, wenn Kinder durch Kaiserschnitt auf die Welt kamen und so der Geburtstermin vom Arzt und den Eltern bestimmt wurde. Dies gilt auch, wenn Wehen aus irgendeinem Grunde künstlich eingeleitet wurden. Ich musste allerdings meine Meinung ändern, als ich mir die Horoskope ansah, die ich bestellt und den Eltern geschenkt hatte. Ich war nicht nur über die vielen verschiedenen Aspekte erstaunt, die den Säugling betrafen, sondern auch über die Dankbarkeit der Eltern, die mit dem Horoskop eine Hilfe zur Hand hatten, um ihr Kind zu erziehen.

Die nächste Frage lautet: »Warum erben wir bestimmte Charakterzüge?« Ich kann nur den einen Grund als Antwort akzeptieren, nämlich, dass das Höhere Bewusstsein weiß, was jeder einzelne Mensch noch zu lernen hat und bis heute versäumt hat zu lernen. Wir erhalten somit die Gelegenheit, dieses Versäumte nachzuholen.

In Indien ist es seit Jahrhunderten üblich, mit Hilfe der Astrologie die Erbanlagen eines Menschen zu deuten. Auch bei der Wahl der Ehepartner dient die Astrologie als Wegweiser. Man befragt die Horoskope des Mannes und der Frau, die eine Ehe einzugehen wünschen, ob diese zueinander passen. Im Osten werden viele Ehen von den Eltern unter Hinzuziehung eines Astrologen arrangiert und nicht von den beiden jungen Menschen, die zu heiraten beabsichtigen, so wie es im Westen üblich ist. Ich pflegte arrangierte Ehen mit Unbehagen zu betrachten, aber seitdem ich einige dieser Verbindungen beobachten konnte und sie mit denen im Westen verglich, neige ich zu der Annahme, dass arrangierte Ehen manchmal erfolgreicher sein können. Vielleicht weil sie auf einem gemeinsamen Hintergrund und entsprechenden Charakterzügen basieren und nicht auf wahllosen Beweggründen, wie beispielsweise sexuelle Anziehung, die oft im Westen ausschlaggebend sind.

Wie wir wissen, erben wir all das, was für unsere Entwicklung notwendig ist. Es ist beruhigend, vor Augen zu haben, dass jene, für unseren Lernprozess notwendigen Bedingungen nicht mehr notwendig sind, sobald wir in diesem Leben das bis dahin Unerledigte aufgearbeitet haben.

Da wir alle in der heutigen Zeit die Gelegenheit haben, mehrere Flicken zu entfernen, haben sich verschiedene Therapien und Heilmethoden dazu entwickelt. Eine Methode besteht darin, die Fesseln zu jemandem oder etwas zu lösen, der oder das uns beherrscht. Viele Menschen, die bei konventionellen Heilmethoden keine Hilfe für ihre Probleme finden, wenden sich an anerkannte Heiler. Einige der neuen Methoden helfen Menschen, sich von alten, unangebrachten Verhaltensmustern zu befreien. Wie bei jeder anderen Heilmethode kann sich der Zustand aber nur dann verbessern, wenn das Karma ausgeglichen wurde.

Ich selbst habe über viele Jahre hindurch nach alternativen Heilmethoden gesucht und gehofft, für meine verschiedenen Gesundheitsprobleme Hilfe zu finden. Gleichzeitig bemühte ich mich jedoch, die Ursache dieser Probleme herauszufinden, und fragte mich, wie ich sie ausgleichen könnte.

Sai Baba sagt, dass selbstloses Dienen der beste Weg sei, um altes, negatives Karma zu beseitigen. Helfen wir anderen Menschen bei ihren Problemen, heilen wir uns indirekt auch selbst. Menschen, die erwarten, dass andere mit einem Zauberstab ihre Probleme lösen, haben den Sinn dieses Lebens nicht verstanden. Nur wir selbst können uns ändern. Niemand kann uns diese Aufgabe abnehmen und auch wir können sie nicht für andere lösen. Dies setzt Hingabe, Ausdauer und Entschlusskraft voraus. Wir können nicht erwarten, von einem anderen Menschen erlöst zu werden.

Andere Menschen können von großer Hilfe sein, aber nur, wenn wir auch selbst bereit sind, ohne negative Gedanken, Gefühle, Worte oder Taten zu leben. Um das zu erreichen, kann uns ein tägliches Ritual helfen. Bitte das Höhere Bewusstsein, den ganzen Tag durch dich hindurch zu ***d**enken*, denn wir können nichts vollbringen, ohne vorher den entsprechenden Gedanken gefasst zu haben. Dann bitte das Höhere Bewusstsein, durch dich zu ***f**ühlen*. Der Gedanke muss mit Energie aufgeladen werden, denn ohne Emotionen bleibt er dürr und unfruchtbar. Wir alle kennen die »Verstandes-Trips«, die niemals in die Tat umgesetzt werden und als Phantasien oder Tagträume weiterleben. Sind der Gedanke und das Gefühl miteinander verbunden, müssen sie in Worte gefasst werden. Also bitte das Höhere Bewusstsein, durch dich zu ***s**prechen*. Bitte dann das Höhere Bewusstsein, durch dich zu ***h**andeln*, so dass der Gedanke und das Wort in die Tat umgesetzt werden können.

Normalerweise zähle ich die einzelnen Schritte an den Fingern ab. Es bleibt noch ein Finger übrig: Mit diesem Finger bitte ich das Höhere Bewusstsein, den ganzen Tag durch mich zu ***l**ieben*, denn ohne Liebe sind die vorherigen Schritte wertlos. Durch die Liebe werden sie mit Tatkraft erfüllt.

DFSHL ist eine Möglichkeit, sich die einzelnen Schritte zu merken!

Diese einfache kleine Übung verhindert, dass neues Karma entsteht, denn das Höhere Bewusstsein ist der Handelnde und nicht, wie in der Vergangenheit, das Ego. Diese Übung kann altes Karma auflösen und uns von neuem Karma befreien.

Einige von uns haben in einem früheren Leben den inneren Weg beschritten, aber das Ego kam dazwischen, hielt uns auf und überzeugte uns, dass wir die Handelnden sind und nicht das Höhere Bewusstsein. Die Herrschsucht übernimmt dann das Zepter und wir versuchen, auf die verschiedensten Arten und Weisen über andere Menschen zu bestimmen, ja selbst über unser eigenes Schicksal. Dies kommt einem Fall aus göttlicher Gnade gleich und wird irgendwann ausgeglichen werden müssen, wenn wir gelernt haben, dass wir weder der Körper noch der Verstand, noch das Ego sind, sondern das Höhere Bewusstsein.

Dieses Leben gab mir noch einmal die Gelegenheit, den inneren Weg zu beschreiten, und ich passe gut auf, dass ich nicht noch einmal vom Ego verführt werde, sondern dem Wahren Selbst oder dem Höheren Bewusstsein gestatte, der Führer zu sein. Um diese Aufgabe zu vollenden, wurde ich in einen extrem sensiblen Körper geboren und litt unter vielen Allergien. Baba sagte mir einmal, dass mein Karma in diesem Leben in meinem Körper aufgearbeitet werde und dass mein Körper *Kurukshetra* gleiche, dem Schlachtfeld, auf dem der Kampf der guten gegen die bösen Kräfte stattfand, wie in der *Bhagavad Gita* berichtet. Ich interpretierte diese Aussage dahin gehend, dass ich auf körperlicher Ebene das aufarbeiten muss, was ich in früheren Zeiten verursacht habe. Ich bin also in diesem Leben mit physischen Problemen konfrontiert, für die es keine Lösung zu geben scheint. Ich fragte mich immer wieder, warum die Krankheiten anderer Menschen durch die verschiedenen Heilmethoden behoben werden konnten, meine dagegen nicht. Ich probierte viele Methoden aus, die anderen geholfen hatten, aber bei mir wirkten sie nicht. Offensichtlich habe ich noch nicht genügend von dem Karma aufgearbeitet, das mir von meinem Höheren Bewusstsein für dieses Leben ausersehen wurde.

Oft hörte ich mich sagen, dass, wenn mein Auto repariert werden muss, ich es in die Garage bringe, es von einem Mechaniker wieder instand gesetzt und in gutem Zustand zurückgebracht wird. Wir hingegen, beschwerte ich mich, können unseren Körper nicht so einfach reparieren. Für uns besteht nur die Möglichkeit, die uns in diesem Leben auferlegten Lektionen zu lernen, um Gesundheitsprobleme zu beheben. Erst dann verschwinden sie in den meisten Fällen.

Während ich dieses Kapitel schrieb, unterzog ich mich verschiedenen interessanten Behandlungen in England. Jeden Tag suchte ich einen Heiler auf, der, zusätzlich zum Handauflegen, verschiedene psychische »Operationen« vornahm. Er sagte, er heile nicht selbst, sondern er sei nur das Instrument, durch das unsichtbare Helfer die vielen kranken und Hilfe suchenden Menschen genesen ließen. Er ist ein aufrichtiger Anhänger Sai Babas und behauptete, dass Baba oft durch ihn heilen würde und dass er manchen hellsichtigen Patienten »erscheine«, selbst denen, die niemals von ihm gehört hätten.

Während der Sitzungen fühlte ich mich wie ein Auto, das von einem Mechaniker repariert wird. Die Behandlungen reichten von »Operationen« über Handauflegen, *Vibhuti*-Anwendungen bis zum Trinken von *Lingam*-Wasser und sie veränderten meinen Körper. Ich hoffe aufrichtig, dass ich durch das Weiterreichen der mir gelehrten Methode des Höheren Bewusstseins genügend altes Karma aufgearbeitet habe, um mich von einigen körperlichen Unzulänglichkeiten zu befreien, und dass meine Entwicklung andere ermutigt, auf ihrem persönlichen Wachstumspfad voranzuschreiten.

Die Menschen in unserem Leben

Ich erinnere mich noch an meine erste Reaktion auf die Mitteilung, dass meine Familienmitglieder und nahen Bekannten ausersehen wurden, mir beim Ausgleichen meines Karmas zu helfen, ebenso wie ich ihnen die Chance geben könne, einen Teil ihres Karmas aufzuarbeiten. »Trifft das auch auf meine Mutter zu?«, fragte ich bestürzt und ungläubig. Hatte mein Höheres Bewusstsein ausgerechnet sie ausgesucht, damit ich einige Flicken entfernen konnte? Meine nächste Frage war: »Habe ich diese Beziehung auch entsprechend genutzt, um daraus zu lernen?« Ich muss zugeben, dass ich mir über diese Möglichkeit nicht im Geringsten bewusst war. Blicke ich aber heute zurück, muss ich feststellen, dass meine Mutter einer meiner besten Lehrer war. Damals, unter ihrer äußerst strengen Erziehung, hätte ich das allerdings sicher nicht geglaubt.

Sai Baba versichert uns, dass gerade die Menschen, mit denen wir viel Zeit verbringen, wie Familienmitglieder, sich am besten dafür eignen, uns Facetten unserer Persönlichkeit aufzuzeigen, die wir noch zu erforschen haben.

Meine Mutter war sehr herrschsüchtig und, wie ich erfuhr, soll auch ich in vergangenen Leben sehr herrschsüchtig gewesen sein. Daher musste ich in diesem Leben selbst erfahren, wie unrecht es ist, andere Menschen beherrschen zu wollen. Ganz offensichtlich hatte ich diese Lektion nicht abgeschlossen, denn mit der Hilfe meines Mannes, der auch sehr bestimmend war, konnte ich weiterlernen. Baba sagte mir in Gegenwart meines Ehemannes, dass mein Leben an seiner Seite für meine spirituelle Entwicklung weitaus förderlicher sei als das Leben eines Gottsuchenden oder Asketen, denn es lehre mich Geduld, Toleranz, Standhaftigkeit und Nachsicht.

Diese Worte machten mich nachdenklich. Ich stellte aber unvermittelt fest, dass mir diese Qualitäten tatsächlich fehlten. Ich wusste, dass ich immer sehr ungeduldig war und zu impulsiv reagierte. Als ich in England zur Schule ging, wurde mir nachgesagt, ein intellektueller Snob zu sein und ungeduldig und intolerant denjenigen gegenüber, die mir zu langsam erschienen. Hätte mir eine bessere Lektion erteilt werden können, als das Kind einer Mutter zu sein, die mich hart bestrafte und mir niemals sagte, warum? Fragte ich nach dem Grund der Bestrafung, schlug sie mich wegen meiner Frechheit, danach gefragt zu haben, und weil ich ihre Autorität in Frage stellte! Ich wusste niemals, ob ich etwas falsch gemacht oder etwas nicht erledigt hatte, was mir aufgetragen worden war. Diese Behandlung ließ mich sehr unsicher werden. Ich habe aber durch meine Arbeit gelernt, dass gerade die Menschen, die in eine Familie hineingeboren wurden, in der sie weder bei den Eltern noch bei anderen Angehörigen Sicherheit fanden, dazu bestimmt sind, den inneren Weg zu beschreiten. Auf diesem können sie ihre Sicherheit beim Höheren Bewusstsein anstatt bei äußeren Autoritäten finden.

Dies setzt Beharrlichkeit und Ausdauer voraus, anstatt dass man aufgibt, wenn das Leben zu schwierig erscheint. Auch musste ich Nachsicht lernen. Nachsicht ist eine Eigenschaft, die verhindert, dass man zurückschlägt oder sich für Verletzungen und Beleidigungen rächt. Als Kind konnte ich dieser Versuchung nicht erliegen, da ich wusste, dass ich nur noch härter dafür bestraft würde. Heute ist mir klar, dass ich nur auf diese Weise erfahren konnte, wie frustrierend es ist, von einem anderen Menschen beherrscht zu werden. Durch diese frühe Erfahrung entschloss ich mich, niemals anderen Menschen das anzutun, was ich als Kind erleiden musste.

Wir alle streben jedoch einen Ausgleich an, auch wenn wir uns dieser Tatsache nicht bewusst sind. Wir dürfen nicht überreagieren, sollten aber auch keine Fußabtreter werden oder anderen Menschen gestatten, unser Schicksal bestimmen zu wollen. Eine sehr feine Linie trennt diese beiden Extreme. Wir alle müssen irgendwann einmal die Fesseln zu äußeren Autoritäten durchtrennen, ebenso zu Menschen und Dingen, die uns Sicherheit geben, so dass wir ungezwungen und direkt dem Höheren Bewusstsein die Führung überlassen können.

Als ich schließlich durch meine Arbeit lernte, die Fesseln, die mich an meine Mutter banden, zu durchtrennen, änderte sie sich nicht noch ahnte sie, was ich getan hatte. Auf einer tieferen Ebene aber muss sie die

Veränderung gespürt haben, denn sie nahm es mir übel, mich nicht mehr beherrschen zu können. Ich aber fühlte mich in meinen Reaktionen ihr gegenüber frei und konnte mich auf den Rat meiner inneren Stimme verlassen, anstatt ihre ständigen Forderungen zu erfüllen.

Dies klingt scheinbar einfach, es ist aber ein langsamer, schrittweiser Prozess, der täglicher Übung bedarf, bis man sich seiner inneren Führung sicher wird. Du wirst es selbst erfahren, wenn du einen wichtigen Loslösungsprozess vollzogen hast, da du die innere Veränderung spürst.

Offenbar war es dazu nötig, dass mein starker Wille sowie mein Machtstreben eingeschränkt wurden. Meine Mutter pflegte stolz darauf zu sein, wenn sie meinen Willen (als Kind) gebrochen hatte. Doch das war nicht ganz der Fall. Sie hatte es erreicht, dass ich mich nach innen, in meine eigene Welt zurückzog. Ich wurde also dem äußeren Anschein nach sehr gehorsam und fügsam und suchte in meinen Träumen und Phantasien Sicherheit. Da ich weder gesehen noch gehört wurde, konnte ich mit den Forderungen meiner Mutter besser umgehen, wurde aber aus diesem Grunde sehr schüchtern und introvertiert und hatte Angst, auch von anderen Menschen beherrscht zu werden. Ich wünschte möglichst unsichtbar zu werden, um so den Aggressionen meiner Mutter ausweichen zu können.

Wie konnte ich besser erfahren, was ich anderen Menschen durch meine einst rücksichtslose Herrschsucht angetan hatte? Es war ein sehr großer Flicken, den ich aus ferner Vergangenheit mitgebracht hatte, und ich hoffe, dass ich ihm seine Energie und das Leben auf den verschiedenen Ebenen entziehen konnte.

Wenn Menschen das Höhere Bewusstsein bitten ihnen anzuzeigen, welche Fesseln sie lösen sollen, erscheinen manchmal zwei Personen. Gewöhnlich handelt es sich um ein Elternteil und einen Partner.

Wie ich bereits bemerkte, ist es bei einer schweren karmischen Schuld oft notwendig, die Lektion zu wiederholen: sie begann mit einem Elternteil und wird mit dem Partner, der unweigerlich dem Elternteil ähnlich ist, fortgeführt. Erscheinen also zwei Personen, sollte das Höhere Bewusstsein um Rat gefragt werden, mit welcher Person zuerst begonnen werden soll. Viele Menschen beklagen sich und sagen: »Ich habe meine Mutter geheiratet« oder »Ich habe meinen Vater geheiratet.«

Mir wurde in meiner Arbeit gezeigt, dass mehrere Seelen oft zur gleichen Zeit wiedergeboren werden, so dass sie sich gegenseitig helfen können, das Karma ihrer verschiedenen Flicken aufzuarbeiten. Diese Beziehungen können manchmal verwirrende Situationen verursachen, wenn zum Beispiel ihre einstige Beziehung sehr intensiv war und sie diese starke Bindung mit in das heutige Leben brachten. Waren zwei Menschen in einem vergangenen Leben Mann und Frau und sind heute Mutter und Sohn, Vater und Tochter oder leben sonst wie in einer engen Beziehung zusammen, besteht die Möglichkeit, dass die einstige Rolle das heutige Leben überschattet und tief greifende Probleme schafft. In solchen Fällen ist es dringend notwendig, die Bindungen zu der vergangenen Beziehung zu durchtrennen und die volle Verantwortung für das gegenwärtige Leben zu übernehmen, das wieder neue Herausforderungen stellt und andere Verhaltensweisen erfordert. Wir nehmen diese verschiedenen Rollen an, um unser Karma auszugleichen, und wenn wir in diesem Leben unser Verhalten entsprechend korrigieren, verursachen wir kein neues Karma, das wiederum in einem zukünftigen Leben aufgearbeitet werden müsste.

Es gibt sehr genaue Richtlinien, die die einzelnen Beziehungen in der Familie festlegen. Wir sollten diese Richtlinien befolgen und nicht zulassen, dass das vergangene Rollenverhalten unsere heutige Beziehung überschattet und uns daran hindert, die heute von uns erwartete Rolle zu übernehmen.

Oft können wir beobachten, dass sich Eltern ihren Kindern gegenüber verhalten, als wären sie mit ihnen verheiratet, anstatt mit ihnen in einer normalen Eltern-Kind-Beziehung zu leben. Dieses Verhalten ist absolut unangebracht und verursacht für alle Beteiligten schwer wiegende Probleme, denn sie bleiben mit der Vergangenheit verhaftet und können weder für ihre gegenwärtige Rolle Verantwortung übernehmen noch sie erfolgreich ausleben. Viele Fälle von Inzest stammen aus der Tendenz, die Vergangenheit zu wiederholen, anstatt sich der gegenwärtigen Beziehung zu stellen und daraus zu lernen. Dies sind nur einige der Flicken, die wir mitbringen und die in der Gegenwart aufgearbeitet werden müssen.

So betrachtet sind die Beziehungen, die uns das größte Leid zufügen, zugleich diejenigen, von denen wir am meisten lernen können, da sie uns die Möglichkeit bieten, uns weiterer Flicken zu entledigen. Wenn jemand unnötig feindselig oder kritisch ist, können wir davon ausgehen, dass wir uns irgendwann in der Vergangenheit ebenso verhalten haben und heute einen »Geschmack« davon bekommen, was wir anderen angetan haben. Nur so können wir uns entschließen, vergangene Verhaltensmuster nicht noch einmal zu wiederholen. Die heutige Beziehung ermöglicht uns stattdessen, eigene Verhaltensweisen und Angewohnheiten zu beobachten, an denen wir noch zu arbeiten haben.

Erst kürzlich hörte ich von einer Studie, die den Einfluss eines Vaters auf seine zwei Söhne untersuchte. Der Vater saß wegen diverser Vergehen, einschließlich Mordes, im Gefängnis. Die beiden Söhne wurden befragt, wie sich die Lebensgeschichte ihres Vaters auf sie ausgewirkt hatte. Ein Sohn saß ebenfalls wegen kleinerer Delikte im Gefängnis. Als ihm die Schlüsselfrage gestellt wurde, antwortete er: »Wie hätte ich mit einem solchen Vater als Vorbild anders werden können?« Sein Bruder hingegen war ein erfolgreicher Geschäftsmann, verheiratet und Vater mehrerer Kinder. Er antwortete auf die gleiche Frage: »Ich musste mit einem solchen Vorbild als Vater einfach anders handeln. Er war mir ein warnendes Beispiel, nicht so zu werden wie er.«

Wir alle haben die Freiheit, uns zu entscheiden, ob wir das Verhalten unserer Eltern nachahmen oder ob wir von unserem Geburtsrecht Gebrauch machen und die entgegengesetzte Richtung einschlagen wollen, wenn uns das negative Verhalten unserer Eltern widerstrebt.

Das obige Beispiel zeigt, dass der Vater unbewusst zum Lehrer seiner beiden Söhne wurde. Ein Sohn folgte blind dessen Fußspuren, während der andere Sohn durch sein Beispiel gewarnt wurde und sich für ein verantwortungsbewusstes Leben entschloss. In der Bibel gibt es ähnliche Beispiele.

Wir können also in gewissem Maße frei über unser Leben entscheiden. Setzen wir diese Gabe klug ein, ersparen wir uns viel Leid, das durch unbedachte Reaktionen, voreilige Entschlüsse oder überstürztes Handeln verursacht wird.

Kein Gesetz schreibt uns vor, dass wir die negativen Charakterzüge unserer Eltern oder anderer Menschen nachahmen müssen, nur weil wir ihnen in unserer Kindheit, als wir für sie empfänglich waren, ausgesetzt waren. Jeder ist für sein eigenes Leben verantwortlich, auch wenn wir etwas

Gegenteiliges gelernt haben. Irgendwann werden wir durch entsprechende Umstände gezwungen werden zu verstehen, dass kein Mensch der Welt uns sagen kann, was wir zu tun oder zu lassen haben. Nur wir allein können diese Entscheidung treffen. Am besten fangen wir gleich heute damit an und vergeuden keine Zeit mehr.

Sind wir bereit, diese wichtige Lektion zu lernen, werden wir automatisch die noch in einigen Flicken enthaltene Energie aufbrauchen.

Lernen, wann wir nein zu sagen haben

Baba sagt, wir können nicht jeder Bitte nachkommen, sollten jedoch stets zuvorkommend sprechen und handeln. (»We cannot always oblige, but we should always speak and act obligingly«). Dies schließt jedoch auch unsere Bereitschaft ein, zu jemandem, der von uns etwas verlangt, das wir gefühlsmäßig strikt ablehnen, nein zu sagen. Für manche Menschen ist dies äußerst schwierig. Wir könnten dadurch eventuell unsere Beziehung zu dem Menschen gefährden, der das entsprechende Handeln von uns erwartet. Es könnte Kritik oder Gerede nach sich ziehen und unseren Ruf beschädigen. Wir könnten auch Menschen enttäuschen, die sich durch unser Verhalten in irgendeiner Weise zurückgestoßen, ungeliebt, minderwertig und nicht geachtet fühlen. Aus diesem Grunde mahnt uns Baba, stets entgegenkommend und liebenswürdig zu reden und zu handeln, wenn wir den Wünschen und Forderungen eines Menschen nicht nachkommen können.

Ich habe festgestellt, dass ich, wenn ich nein sagen muss und dabei zögere, in die Defensive gehe, ärgerlich werde oder mich entschuldige, bereits meine Position verloren habe. Das Gegenüber wird sofort die Gelegenheit ergreifen, um ihre Forderung noch dringender zu formulieren. Wenn ich jedoch ausgeglichen bleibe, von meiner Handlungsweise fest überzeugt bin, meine Position ruhig und bestimmt darlege, ohne dabei ärgerlich oder nervös zu werden, zeigt das Gegenüber Verständnis und wird seine Bitte nicht wiederholen. Trotzdem kann diese Person verletzt und enttäuscht reagieren oder durch unsere mangelnde Unterstützung in eine schwierige Situation geraten. Wir dürfen dann keine Schuldgefühle aufkommen lassen, denn die anderen könnten sich ihrer bedienen, um doch noch das gewünschte Ziel zu erreichen.

Wir müssen sehr mutig und stark sein, um der Überzeugungskraft, den Anschuldigungen, der Kritik, dem Selbstmitleid Einzelner oder einer Gruppe zu widerstehen. Nein zu sagen ist noch problematischer, wenn es sich um eine enge Beziehung handelt, wie beispielsweise um einen Partner oder ein Familienmitglied, der oder das genau mit unseren Schwächen umzugehen weiß. Wir müssen geistige Krieger werden, dem Widerstand trotzen und keine Rücksicht auf die zu erwartenden Folgen nehmen. Wir müssen tun, was uns richtig erscheint.

Erst kürzlich musste ich dreimal nein sagen und viele Leute mit meiner Absage enttäuschen. Diese Absagen fielen mir äußerst schwer, da ich eine sehr bestimmende Mutter hatte, die stets von mir erwartete, dass ich ihre Bitten erfüllte, obwohl dieses Nachgeben nicht meinem Charakter entsprach. Kam ich ihren Forderungen nicht nach, wurde sie wütend, daher hatte ich große Angst davor, nicht mit ihr übereinstimmen zu können. Fügte ich mich aber ihren Launen, war alles friedlich. Diese frühkindliche Programmierung machte es mir fast unmöglich, den Wünschen anderer nicht zu entsprechen, denn ich fürchtete mich vor den Folgen. Das Leben zwang mich jedoch, zu unterscheiden und zu erkennen, wann ich mich zu fügen und wann ich mich zu verweigern hatte. Diese Lektion musste ich auf persönlicher Ebene und in Gruppenbeziehungen lernen. Widerspricht eine Bitte unserem tiefen Verständnis von Richtig und Falsch, sollten wir sie ablehnen. Manchmal ist jedoch eine Absage auch eine Frage des richtigen Zeitpunkts.

Ich habe auch beobachtet, dass die betreffende Person durch eine Absage die Gelegenheit erhalten kann, eine für sie notwendige Lektion zu lernen. Hätten wir dem Wunsch entsprochen, hätte sie sich vielleicht nicht geändert. Da wir die Wirkung nicht immer einschätzen können, müssen wir danach handeln, was für uns richtig ist, und sollten nicht darüber nachdenken, was unsere Absage bei der betreffenden Person bewirken könnte.

Die drei Absagen, die mir diese so dringend benötigte Lektion erteilten, fielen mir sehr schwer. Ich wurde gebeten, nach Belgrad in Serbien zu reisen, um dort Seminare über meine Arbeit zu halten. Ich hatte alles für dieses Wochenende vorbereitet, das sich direkt an meinen Kroatien-Aufenthalt anschloss. Ich wurde von meiner kroatischen Kontaktperson zum Flughafen nach Triest gefahren, um nach Belgrad zu fliegen. Als ich am Flughafen ankam, fragte man mich nach meinem Visum. Da ich nicht wusste, dass ich ein Visum benötigte, hatte ich auch keines. Ich durfte nicht in das Flugzeug steigen. Was für ein Dilemma! Wir telefonierten mit der Veranstalterin des Seminars und erklärten ihr das Problem. Sie sagte, sie würde versuchen, mit dem Belgrader Büro Kontakt aufzunehmen, um ein Visum zu besorgen, und es an den Flughafen in Triest faxen lassen. Sie rief zurück und teilte mit, dass das Büro bereits geschlossen sei. Wir mussten also das Seminar absagen, da der nächste Flug, der erst einige Tage später ging, nicht mehr in meinen Zeitplan passte. Mir fiel es sehr schwer, das Seminar so kurzfristig absagen zu müssen. Mir taten die Menschen Leid, die sich bereits eingeschrieben hatten, und ganz besonders bedauerte ich die Veranstalterin, die jedem Teilnehmer Bescheid sagen und die Situation erklären musste. Sicherlich würde sie dem Ärger und der Enttäuschung so mancher Teilnehmer ausgesetzt sein. In diesem Fall lag die Entscheidung jedoch nicht bei mir und ich konnte auch nichts dagegen tun.

Ich wurde nochmals nach Belgrad eingeladen und beantragte das benötigte Visum rechtzeitig. Mit diesem Visum in der Hand wollte ich während meiner nächsten Europareise auch nach Belgrad fahren. Doch zwischenzeitlich hatte sich die Situation in Serbien verändert. Das amerikanische Außenministerium hatte eine Warnung an alle amerikanischen Staatsbürger herausgegeben, aus Sicherheitsgründen nicht in dieses Land zu reisen. Ich war entsetzt. Was sollte ich tun? Sollte ich mich dieser Warnung widersetzen und trotzdem fahren oder sollte ich abermals die Menschen enttäuschen, die mich erwarteten? Diesmal wurde mir die Entscheidung nicht wie beim ersten Mal abgenommen. Ich musste mich also entscheiden, entweder die Warnung ernst zu nehmen und meinen Besuch nochmals abzusagen oder den Anweisungen der Behörde zuwiderzuhandeln und trotzdem zu reisen. Ich war zwischen der Vernunft und dem starken Unbehagen hin- und hergerissen, nochmals die Menschen enttäuschen zu müssen, die mich erwarteten und denen ich vielleicht das Gefühl gab, sie zurückzuweisen. Als ich das Höhere Bewusstsein um Rat fragte, erhielt ich eine klare Antwort. Ich sollte der Warnung, die die Regierung meines Landes herausgegeben hatte, Folge leisten, da die Situation indirekte politische Folgen in sich barg.

Als ich mich entschlossen hatte, ereignete sich etwas Interessantes, das meine Entscheidung bestätigte. Ich hielt gerade ein Seminar in der Nähe von München, als ein Mitglied der Sai-Organisation kam und mir eine Einladung zu der jährlichen Sai-Konferenz in Köln überbrachte. Anscheinend hatten sie erfahren, dass ich mich in Deutschland aufhielt, und wollten wissen, ob ich bereit wäre, ebenfalls auf der Konferenz zu sprechen. Diese Einladung bestätigte mir, dass ich dieses Wochenende besser in Köln verbringen sollte. Ich kenne die Gründe nicht, warum sich die Pläne im letzten Augenblick geändert haben, mir wurde aber deutlich gezeigt, wohin ich gehörte. Es fiel mir sehr schwer, die Menschen nochmals enttäuschen zu müssen, die sich für das Seminar in Belgrad angemeldet hatten und wegen der dort herrschenden politischen Lage unter großem Druck standen. Schließlich war dies auch ein Grund, warum sie mich eingeladen hatten. Ich sollte einige der mir übermittelten Übungen mit ihnen teilen. Die Veranstalter waren sehr verärgert und schienen mich für unzuverlässig zu halten und somit wurde auch mein Ruf in Frage gestellt.

Als ich das dritte Mal eine Veranstaltung absagte, fiel mir die Entscheidung noch schwerer. Ich wurde gebeten, auf einer Konferenz in Nord-Kalifornien eine Vorlesung und einen Workshop zu halten. Diese Konferenz sollte Vortragende der spirituellen Gemeinschaft mit solchen verschiedener psychologischen Richtungen zusammenbringen. Ich nahm die Einladung an, da mir diese Kombination interessant schien und ich vielleicht eine Brücke zwischen diesen beiden oft gegensätzlichen Gruppierungen schlagen könnte. Einige Zeit nach meiner Zusage fuhr ich mit meiner Enkelin Crystal zu Sai Baba in den Aschram. Gegen Ende des zweiten Interviews stellte ich Baba völlig unbeabsichtigt die Frage: »Wann soll ich wiederkommen?« Ich hatte mir vorgenommen, erst nach Beendigung des Manuskriptes für dieses Buch wiederzukommen, um es, wie alle vorherigen auch, von ihm absegnen zu lassen. Seine Antwort überraschte mich. Er kam ganz nahe an mich heran und sprach langsam und bedacht: »Sie kommen im November zurück.« Die Betonung seiner Worte lag auf »Sie«. Da er am 23. November Geburtstag hat, fragte ich sofort »Zum Geburtstag?« Er antwortete mit einem merkwürdigen Lächeln: »Ich bin sehr glücklich.« Erst als ich wieder in mein Zimmer zurückgekehrt war, fiel mir ein, dass die Konferenz in Nord-Kalifomien vom 19. bis 22. November stattfinden würde und ich daher nicht rechtzeitig zum Geburtstag anreisen konnte.

Was sollte ich tun? Ich besprach mich mit dem Veranstalter und er schlug vor, mich durch jemand anderen zu ersetzen, falls ich das wünschte. Ich weiß, dass Baba es nicht schätzt, gegebene Versprechen zu brechen. Ich fragte also den Veranstalter, ob es möglich wäre, die Vorlesung und den Workshop zu Beginn der Veranstaltung zu legen, damit ich gleich danach nach Indien weiterreisen könnte. Liebenswürdigerweise stimmte er meinem Vorschlag zu. Das bedeutete, ich würde nicht an Babas Geburtstag teilnehmen können, da ich erst einige Tage später ankäme. Da aber Baba nur den Monat November erwähnt hatte und ich ihn selbst auf seinen Geburtstag angesprochen hatte, hoffte ich, dass das seinen Wünschen entsprechen würde. Ich reservierte die beiden Flüge und erhielt die Flugtickets bereits Monate vor meiner Abreise.

Einige Tage vor Beginn der Konferenz wurde mir mitgeteilt, dass sich nicht genügend Teilnehmer angemeldet hätten und der Veranstalter, der sich wohl an meine geplante Indienreise erinnerte, fragte, ob ich nicht doch lieber absagen wollte. Meine erste Reaktion war, seinen Vorschlag abzulehnen, da ich ja bereits zugesagt hatte. Ich hatte jedoch das seltsame Gefühl, dass ich es mir noch einmal überlegen sollte. Als Erstes telefonierte ich mit meinem Reisebüro und erkundigte mich, ob es noch einen Flug gäbe, der rechtzeitig zu dem Geburtstag ankommen würde, falls ich die Konferenz absagte. Zu meiner großen Überraschung teilte mir das Reisebüro mit, dass es noch einen Direktflug mit kurzem Zwischenstopp in Bangkok gäbe, wo ich umsteigen müsste, um nach Bombay weiterzufliegen, dass ich aber trotzdem noch rechtzeitig zum Geburtstag ankommen würde. Damit hatte ich nicht gerechnet, zumal sehr viele Menschen zu Babas Geburtstag nach Indien fliegen. Als ich das Reisebüro nochmals anrief, um die Flüge zu bestätigen, wurde mir mitgeteilt, dass seit unserem letzten Gespräch ein Platz in der Maschine in Bangkok frei geworden sei, ich also nicht umsteigen müsste und direkt durchfliegen könnte. War das ein Zeichen?

Diesmal halfen mir keine klaren, äußeren Umstände bei der Entscheidung. Sie lag einzig und allein bei mir. Wieder bedeutete es, eine Zusage nicht einzuhalten und Menschen zu enttäuschen, die meinem Vortrag beiwohnen wollten. Es war eine unangenehme Situation und nichts und niemand konnte mir helfen, die richtige Entscheidung zu fällen. Ich erinnerte mich an eine Begebenheit im Aschram, als verschiedene Mitglieder der Amerikanischen Organisation unerwartet zur gleichen Zeit eintrafen. Im Bezirk von Kalifornien hatte sich ein Problem ergeben, weil ein äußerst willensstarkes Mitglied der Organisation versuchte, die anderen zu überstimmen. Im Aschram wurde also ein Treffen für die anwesenden Mitglieder arrangiert. Mein verstorbener Ehemann war damals auch ein Mitglied, ich dagegen nicht, da immer nur ein Familienmitglied im Sizungsrat teilnehmen durfte. Die Ehepartner durften bei den Treffen zwar dabei sein, hatten aber keine Stimme.

Während der Sitzung erschien Baba, blieb kurz stehen und hörte den Diskussionen zu. Als das Problem mit dem willensstarken Mitglied erörtert wurde, setzte er sich hin. Im Verlauf der Diskussion stieg folgende Frage in mir auf: »Wie können wir zwischen unserem eigenen Willen, dem Willen eines anderen Menschen und dem Willen Babas unterscheiden, um einzig und allein Babas Willen auszuführen?« Selbstverständlich habe ich meine Frage nicht laut ausgesprochen, aber da Baba unsere Gedanken lesen kann, lächelte er und sagte: » Mrs. Krystal, Sie wollen etwas fragen?« Ich antwortete: »Da ich kein Mitglied des Sitzungsrates bin, bin ich auch nicht ermächtigt zu reden. Mein Ehemann ist Mitglied.« Baba richtete sich auf und sagte: »Swami gibt Ihnen die Erlaubnis, Ihre Frage zu stellen.« Mit seiner Erlaubnis stellte ich die Frage, er lächelte, schaute sich um und meinte zustimmend: »Das ist eine gute Frage, nicht wahr?«

Seine Antwort war klar und einfach und ich habe sie nie vergessen. Er gab uns den Rat, mit einem Foto von ihm an einen stillen Platz zu gehen, ihn zu betrachten und aus tiefem Herzen um eine Antwort zu bitten. Er versicherte uns, innerhalb von zwanzig Minuten zu antworten. Es könne sein, dass wir seine Antwort nicht sofort verstehen würden, oder es könne etwas länger dauern, bis sie uns erreiche, aber wir würden immer eine Antwort erhalten. Diesen Rat habe ich mit vielen Menschen geteilt und habe ihn selbst bei vielen Gelegenheiten erfolgreich angewandt. Auch diesmal tat ich es, um herauszufinden, wie ich mich verhalten sollte. Sollte ich an der Konferenz teilnehmen oder zu Babas Geburtstag reisen? Ich wollte wissen, wo ich mehr gebraucht wurde.

Ich erhielt eine klare Antwort. Ich sollte der Konferenz absagen und in den Aschram zu Babas Geburtstag kommen. Ich möchte noch erwähnen, dass es mir nie in den Sinn gekommen wäre, der Konferenz abzusagen, hätte nicht der Veranstalter selbst den Vorschlag gemacht. Ich hatte auch keine persönliche Vorliebe, weder für das eine noch das andere. Große Menschenansammlungen jedoch mochte ich nie. An Babas Geburtstagsfeier nehmen ungeheuer viele Menschen teil und es wäre mir fast lieber gewesen, erst später zu kommen, wenn ein Großteil von ihnen bereits abgereist wäre. Außerdem hatte ich bereits in diesem Jahr an zwei anderen Feiern im Aschram teilgenommen, am Chinesischen Neujahrstag und dem Guru Purnima.

Da ich mir Sorgen machte, dass mein Verstand bei der Entscheidung mitgewirkt haben könnte, bat ich ein befreundetes Ehepaar, mit mir gemeinsam den Maibaum zu errichten, um die richtige Entscheidung zu erbitten. Sie erhielten beide die gleiche Antwort, obwohl ihnen ebenso bewusst war, dass ein gegebenes Versprechen auch eingehalten werden sollte. Nachdem ich mich entschieden hatte, sprach ich nochmals mit dem Veranstalter und erkundigte mich, ob er gegen meine Absage Einwände oder seine Meinung geändert hätte. Er war sehr liebenswürdig und sagte mir sogar, dass er an meiner Stelle auch die Konferenz abgesagt hätte, um an der Geburtstagsfeier teilzunehmen. Trotzdem aber war mir schmerzhaft bewusst, dass ich nochmals Menschen enttäuschen musste, die meinen Vortrag hatten hören wollen, dass ich sie sehr wahrscheinlich verärgerte und mich ihrer Kritik aussetzte, da ich mein Versprechen gebrochen hatte.

Dieses Mal hatte ich, im Gegensatz zu den vorherigen Absagen, meine Entscheidung allein und ohne äußere Hilfe treffen müssen. Wieder hatte ich sehr unter meiner Unentschlossenheit gelitten, da ich die Folgen meiner Absage kannte, aber ich musste mich trotzdem entscheiden.

Als ich das zweite Mal meinen Besuch in Belgrad absagte und in meinem Inneren eine Antwort auf die Frage suchte, wie wohl die enttäuschten Menschen auf meine Absage reagierten, erhielt ich die Antwort, dass ich die richtige Entscheidung einzig und allein für mich zu treffen hätte und dass ich die Menschen in Babas Obhut stellen sollte, da er wisse, warum es geschehen sei. Eine solche Entscheidung fällt einem Menschen sehr schwer, der andere unter keinen Umständen enttäuschen oder verletzen möchte. Ich litt sehr. Als ich mich jedoch entschieden hatte, ging es mir besser und ich überließ Baba oder dem Höheren Bewusstsein die Folgen.

Hoffentlich ist dadurch einem weiteren Flicken die Energie oder das Leben entzogen und somit Karma aufgearbeitet worden, so dass mir zukünftige ähnliche Entscheidungen leichter fallen werden.

Die meisten Menschen wollen anderen gefallen, von ihnen geliebt und bewundert werden. Das kann so weit gehen, dass wir von ihnen und ihren Erwartungen beherrscht werden und nicht mehr den Weisungen unseres Höheren Bewusstseins folgen, die eventuell konträr zu den Erwartungen anderer sind. Wir haben Angst, uns Feinde zu machen und Freunde zu verlieren. Zum Freisein müssen wir die Fesseln durchtrennen, die sich durch unser Wunschverhalten gebildet haben, unseren Eltern, älteren Geschwistern oder anderen Autoritätspersonen gefallen zu wollen. Sie hindern uns daran, uns der Führung des Höheren Bewusstseins anzuvertrauen.

Die obigen Beispiele illustrieren die Notwendigkeit, auch Gruppen und nicht nur einzelnen Menschen gegenüber nein zu sagen. Allerdings werden wir täglich mit unzähligen Situationen konfrontiert, die eine richtige Entscheidung unter Zeitdruck verlangen.

Um eine überstürzte Entscheidung zu vermeiden, die ausnahmslos auf alten Verhaltensmustern beruht, bitte ich aufgrund meiner Erfahrung um etwas Zeit zum Nachdenken. Zunächst werden Menschen über eine derartige Haltung enttäuscht sein, besonders, wenn sie uns ihren Willen aufzwingen wollen. Bleiben wir aber in unserem Entschluss fest, uns nicht zu einer schnellen Entscheidung drängen zu lassen, werden sie sich an unsere neue Einstellung gewöhnen und uns manchmal sogar mit mehr Respekt begegnen.

Wir sollten uns stets an die Entscheidungen erinnern, die uns aufgezwungen wurden und die wir später bereuten. Wir wünschen uns, wir hätten sie unter geringerem Zeitdruck gefällt. Es gibt verschiedene Methoden, solche Situationen künftig zu vermeiden. Wir können uns beispielsweise sofort Bedenkzeit ausbitten und zum Ausdruck bringen, dass wir in keine Entscheidung gedrängt werden möchten. Mit der Zeit werden Menschen zögern, uns in unangenehme Situationen zu bringen, wenn sie feststellen, dass wir verantwortungsbewusster handeln und uns nicht mehr so schnell zu etwas zwingen lassen. Unser Ruf als leicht zu besiegender Gegenspieler wird sich ändern.

Unser Handeln wird jedoch oft durch Schuldgefühle beeinflusst und wir geben lieber nach, als Schuldgefühle zu riskieren, falls wir den Forderungen anderer Menschen nicht nachkommen. Diese Gefühle können ihren Ursprung entweder in der Kindheit haben oder wir haben sie aus einem vergangenen Leben mitgebracht. Wie auch immer, Schuldgefühle sind Zeit und Energieverschwendung und sollten mit Hilfe der Übung mit dem Taucheranzug behoben werden, die am Ende dieses Kapitels beschrieben wird. Außerdem sollte niemals vergessen werden, dass wir allein für unser Leben verantwortlich sind und kein anderer das Recht hat, für uns zu entscheiden. Wir müssen die Konsequenzen für unsere Entscheidungen selbst tragen, denn niemand wird sie für uns übernehmen wollen noch können.

Eine weitere hilfreiche Übung ist, die Fesseln zu einem Symbol zu durchtrennen, das die familiäre Einstellung zur Entscheidungsfindung wiedergibt. Wir alle sind in unseren Entwicklungsjahren von einer gewissen Haltung zu bestimmten Themen geprägt worden und tragen diese in das spätere Leben hinein. Weitere Beispiele von familiären Verhaltensmustern werden in den nachfolgenden Kapiteln behandelt.

Ehe wir diese Fesseln durchtrennen, sollten wir prüfen, ob unsere Eltern das Verhalten ihrer Eltern kopiert oder von ihnen ererbt haben. Wie fassten sie ihre Entschlüsse? Durften wir uns selbst entscheiden und wurden sogar dazu ermutigt oder entschieden unsere Eltern für uns? Unterschied sich die Entscheidungsfindung der Mutter zu der des Vaters, so dass wir widersprüchliche Vorgaben erhielten? Durften wir jemals nein sagen? Wechselten sie ihre Meinung zu bestimmten Themen, so dass wir niemals sicher waren, was sie von uns wollten? Diese Verhaltensweisen haben wir entweder selbst angenommen oder wir haben uns gegen sie aufgelehnt. Sie müssen geklärt werden, ehe wir die Fesseln zu jenen Mustern lösen, die uns daran hindern, unser Recht auf Entscheidungsfreiheit auszuüben.

Vielleicht wird dir ein Symbol für das Verhaltensmuster gegeben, das du als Kind angenommen hast und jetzt in Frage stellst. Falls nicht, zeichne dir selbst ein Symbol oder modelliere eines aus Ton, indem du dich bewusst auf eine dich ablenkende Tätigkeit konzentrierst und mit deiner schwächeren Hand zugleich etwas zeichnest oder modellierst. Nachdem du mindestens drei bis vier Wochen lang die Übung mit der Acht praktiziert hast (siehe S. 100), kann das Symbol entsprechend den Weisungen des Höheren Bewusstseins vernichtet werden. Diese einfache Übung ist höchst effizient, um alle ungewollten Verhaltensmuster loszulassen. Das Ergebnis ist die Freiheit, nein zu sagen.

Der Taucheranzug zum Auflösen von Schuld

Schuldgefühle sind einengende Emotionen und gleichen einem schwarzen Gummianzug, wie ihn Surfer tragen.

Stell dir vor, du trägst einen engen schwarzen Taucheranzug, der deinen ganzen Körper bedeckt.

Bitte das Höhere Bewusstsein, dich auf ein bestimmtes Schuldgefühl hinzuweisen, das du als Folge vergangenen negativen Handelns, negativer Emotionen oder Gedanken mit dir herumträgst.

Bitte das Höhere Bewusstsein, dir zu zeigen, wie du dein negatives Handeln, deine negativen Gedanken oder Emotionen, die dich mit Schuldgefühlen erfüllen, korrigieren kannst.

Ziehe den Gummianzug entweder in einem Stück aus oder nimm ihn in schmalen Streifen oder Stücken ab und lege alles auf einen Haufen. Bitte das Höhere Bewusstsein, dir zu zeigen, wie du diesen Haufen vernichten sollst. Er kann beispielsweise verbrannt, mit Säure übergossen oder sonst wie zerstört werden.

Bitte nun darum, dass dir eine Wasserstelle gezeigt wird, in der du ein reinigendes Bad nehmen und die Schuld von deinem Körper abwaschen kannst.

Drücke dein Freisein von Schuldgefühlen so aus, wie es dir gefällt, während du deinen Körper der Luft und dem Sonnenlicht aussetzt. Gehe zu deinem Lieblingsbaum, nimm das neue Gewand und ziehe es an. Danke dem Höheren Bewusstsein für die wiedergefundene Freiheit von Schuldgefühlen. Komme zu vollem Bewusstsein zurück, in das Hier und Jetzt.

Körperliche Probleme und Krankheiten als Flicken

Mich haben immer die Ursachen körperlicher Krankheiten interessiert, da ich mein Leben lang mit gesundheitlichen Problemen zu kämpfen hatte. Sie waren zwar nicht lebensbedrohend, aber äußerst frustrierend. An erster Stelle standen die vielen verschiedenen allergischen Reaktionen, die mich zwangen, über das normale Maß hinaus auf Lebensmittel und Kleidung zu achten, auf die Luft, die ich atme, das Wasser, das ich trinke, und vieles mehr.

Um die möglichen Ursachen zu ergründen, ließ ich mich in vergangene Leben zurückversetzen, und zwar zu einer Zeit, als diese Art von Nachforschung noch nicht üblich war, und obwohl ich selbst nicht an die Theorie des Karmas oder der Reinkarnation glaubte. Ich hatte über Edgar Cayces bemerkenswerte Fähigkeit gelesen, im Trancezustand Krankheiten zu diagnostizieren, und wollte unbedingt erfahren, ob ich seinem Beispiel folgen könnte, aber möglichst nicht im Trancezustand, der mir nicht erstrebenswert schien.

Obwohl ich seitdem überzeugt bin, dass es nicht unbedingt erforderlich ist, derartige Nachforschungen anzustellen, war dieser Schritt sehr wichtig für mich. Denn er bestätigte die von mir bis dahin abgelehnte Theorie, dass dieses Leben nicht unser einziges ist und dass alles, was uns heute widerfährt, nicht in diesem Leben seinen Ursprung zu haben braucht. Diese Einsicht war für mich eine große Erleichterung.

Während der verschiedenen Rückführungen entdeckte ich, dass ich ein Leben als Jude geführt hatte und dass einige meiner körperlichen Probleme aus dieser Zeit herrührten. Nicht nur die Allergien und die Migräne hatten in jenem Leben ihren Ursprung, sondern auch der Ischias und die damit verbundenen Rückenschmerzen.

Als ich auf mein jüdisches Leben zurückschaute, hielt ich zunächst die sich mir bietenden Einblicke für äußerst unwahrscheinlich. Der Mann, mit dem ich mich identifizierte, hatte offenbar sein ganzes Leben mit »Wein,

Weib und Gesang« verbracht, was für einen Juden aus jener Zeit mit den damals geltenden strengen Geboten ungewöhnlich war. Später habe ich gelesen, dass sich Juden während einer gewissen Zeitspanne hellenisierten und viele griechische Angewohnheiten übernahmen. Dieser Mann verbrachte die letzten Jahre seines Lebens gelähmt und konnte nicht mehr für sich selbst sorgen. Aber da er ein derart maßloses und selbstsüchtiges Leben geführt hatte, sorgte sich in seiner großen Not niemand um ihn. Er starb einsam und hilflos.

Meine vielen ererbten Allergien verhinderten, dass ich dem Essen, dem Wein oder dem Alkohol frönen konnte. Da ich viele Nahrungsmittel nicht vertrage, bedeutet Essen für mich nicht Genuss, sondern nur Nahrungsaufnahme, um die notwendige Energie für mein tägliches Leben und meine Arbeit zu erhalten. Was die wahllosen Geschlechtsbeziehungen betrifft, ist nur so viel zu sagen, dass ich mit meinem verstorbenen Ehemann 52 Jahre verheiratet war.

Ich kann nur hoffen, dass ich mein damaliges ausschweifendes Leben bis zu meinem jetzigen Ableben ausgeglichen und die Lektion gelernt habe, indem ich meinen Appetit und meine Wünsche zügelte, die mich in der Vergangenheit so stark beherrschten.

In dem unbewussten Teil unseres Gehirns werden alle Erinnerungen, Angewohnheiten und Wünsche gespeichert, und zwar nicht nur aus diesem, sondern auch aus den vorausgegangenen Leben. Diese alten »Aufnahmen« müssen wir entdecken und mit der Zeit löschen, so dass neue Verhaltensmuster initiiert werden können. Wir müssen alte Angewohnheiten beseitigen und mit Hilfe der Übung der liegenden Acht (Seite 97) die Fesseln zu alten Verhaltensmustern durchtrennen, um das Unbewusste neu zu programmieren. Das Unbewusste braucht eine klare Botschaft, damit es die gewünschten Veränderungen auch vornehmen kann, so wie wir einer Haushaltshilfe genaue Anweisungen zu geben haben, damit sie das Haus sauber halten kann. Als ich mich mit diesem Thema beschäftigte, kam mir das Wort »Factotum« in den Sinn. Laut Lexikon wird »Factotum« definiert als Hans Dampf in allen Gassen, Mädchen für alles, also als Mensch, der alle möglichen Aufgaben erledigen kann. Das ist eine perfekte Beschreibung der Rolle, die das Unbewusste spielt. Wir müssen ihm klare, einfache und dezidierte

Anweisungen geben, damit die erwünschten Änderungen vorgenommen werden können, das heißt, die alten, negativen Programme identifizieren, freisetzen und dann zerstören, ehe wir sie durch neue, positivere ersetzen.

Dem bewussten Verstand mit seiner begrenzten Kapazität ist die Rolle des Haushaltsvorstandes zugewiesen, das Unbewusste ist dessen Bediensteter oder Factotum und hält das Haus in Ordnung. Nur so entsteht eine echte Beziehung zwischen bewusstem Verstand, dem Unbewussten und dem Höheren Bewusstsein oder Überbewusstsein, wobei das Höhere Bewusstsein den Körper oder das Haus bewohnt. Wenn der gegenwärtige Körper nicht mehr bewohnbar oder von keinem Nutzen mehr ist, wird Es in einen anderen Körper oder in ein anderes Haus wechseln.

Was die Allergien betrifft, möchte ich eine interessante Behandlungsmethode ansprechen. Sie heißt N.A.E.T. und wurde von der indischen Ärztin Dr. Devi S. Nambudripad entwickelt. Sie ist Autorin des Buches »Say Goodbye to Illness«.[3] Sie hat einen Weg entdeckt, das Unbewusste neu zu programmieren, um allergische Reaktionen loszuwerden. Ihre Methode ist sehr einfach und schonend und es werden dabei keine Medikamente verabreicht, um Allergie auslösende Substanzen festzustellen. Entsprechend ihrer Theorie können Allergien durch Substanzen ausgelöst werden, die mit einem traumatischen Erlebnis in Verbindung gebracht werden. Viele psychosomatische Beschwerden mögen folglich auch diesen Ursprung haben.

Wenn beispielsweise ein Kind etwas Bestimmtes isst und während des Essens durch einen Familienstreit oder durch heftige Kritik der Eltern irritiert wird, prägt sich sofort eine Botschaft in das Unbewusste ein. Sie besagt, dass speziell diese Nahrung gefährlich ist, weil sie mit etwas Unangenehmem in Verbindung gebracht wird.

Aber nicht nur Nahrung kann allergische Reaktionen auslösen, sondern auch Menschen, Tiere, bestimmte Stoffarten und vieles andere mehr, wenn das Unbewusste sie mit etwas äußerst Unangenehmem in Verbindung bringt. Da das Unbewusste nicht wie der bewusste Verstand rational reagiert, bleibt alles, was es registriert, so lange erhalten, bis es entdeckt und losgelassen wird.

---

[3] Delta Publishers 1993, auf Deutsch ist das Buch zur Zeit nicht erhältlich.

Blutgruppen als Flicken oder Magnete

Eine weitere interessante Theorie wurde kürzlich von Dr. Peter D'Adamo[4] vorgestellt und bezieht sich auf die vier Blutgruppen. Sie lautet »4 Blutgruppen - vier Strategien für ein gesundes Leben«. Sein Vater erforschte die Möglichkeit, dass jede Blutgruppe einer speziellen Ernährung bedarf, um eine optimale Gesundheit zu gewährleisten. Er äußert die Ansicht, dass wir, abhängig von unseren Vorfahren, mit einer bestimmten Blutgruppe geboren werden und zwar 0, A, B oder AB, und dass wir uns – unserer Blutgruppe gemäß – entsprechend ernähren sollten. Der Verfasser listet alle Nahrungsmittel, die je nach Blutgruppe entweder gut verträglich, neutral sind oder gemieden werden sollten.

Mich interessierte seine Theorie sehr, da mir die von ihm für meine Blutgruppe empfohlenen Nahrungsmittel seit vielen Jahren des Ausprobierens bereits bekannt waren. Höchst interessant war für mich die Feststellung, dass sich Menschen der Blutgruppe 0 nicht vegetarisch ernähren sollten.

Als ich vor vielen Jahren zusammen mit meinem verstorbenen Mann eine Unterredung mit Sai Baba hatte, drehte er mir bewusst den Rücken zu, wandte sich an meinen Mann und sagte, er möge darauf achten, dass seine Ehefrau Fisch und Huhn isst. Ich war darüber so erstaunt, dass ich herausplatzte: »Aber Baba!« Mehr konnte ich nicht sagen, denn er wandte sich mir mit ernstem Gesicht zu und meinte: »Sie haben gehört, was Swami gesagt hat.« Ich war im Grunde genommen nicht so erstaunt über das, was er sagte, sondern über die Tatsache, dass er es sagte, denn er empfiehlt seinen Anhängern, strenge Vegetarier zu werden. Ich selbst habe immer wieder versucht, vegetarisch zu essen, wurde aber jedes Mal sehr schwach, verlor Energie und Lebensfreude. Der Grund dafür ist, dass ich auf die meisten Ersatzproteine, wie Milchprodukte, Sojabohnen und

---

[4] Peter J. D'Adamo, *4 Blutgruppen - Vier Strategien für ein gesundes Leben,* München 1999

viele Hülsenfrüchte, allergisch reagiere und so nicht genügend Proteine aufnahm, um gesund zu bleiben. Als Baba mir bestätigte, ich sollte Fisch und Huhn essen, fühlte ich mich in gewisser Weise erleichtert und seit diesem Interview ernähre ich mich entsprechend.

Einige Jahre später musste ich mich einer Blutprobe unterziehen und der behandelnde Arzt fragte mich zu meiner Überraschung, ob ich Vegetarierin sei. Als ich ihm sagte, ich esse Fisch und Huhn, war er beruhigt, denn er vermutete, dass ich mit meiner Blutgruppe ohne tierische Proteine nur schlecht zurechtkäme. Als die Ergebnisse des Bluttests bekannt waren, bestätigte sich seine Vermutung. Als ich Jahre später wieder einen Bluttest machen musste, stellte mir der Arzt zu meiner Überraschung dieselbe Frage – sind Sie Vegetarierin? Baba hatte wie immer Recht.

Unmittelbar bevor ich das Buch über die Blutgruppen las, entdeckte ich in einer Rede, die Jack Hislop in Auckland, Neuseeland, kurz vor seinem Tode hielt, ein Zitat von Baba. Jack Hislop war der Präsident der amerikanischen Sri-Sathya-Sai-Organisation. Als er über das Essen von Fleisch befragt wurde, antwortete er folgendermaßen: »Swami ist eine höchst vernünftige Person und er ist sich völlig darüber im Klaren, dass kranke Menschen viele Vitamine benötigen, die im Fleisch von Lamm und Huhn vorhanden sind. Der Stoffwechsel einiger Menschen bedingt, dass sie tierische Proteine brauchen, um nicht zu erkranken, dahinzusiechen und zu sterben. Sie benötigen tierische Proteine, um zu überleben. Wenn Ihnen Ihr Arzt beispielsweise sagt, dass Sie tierische Proteine brauchen, dann folgen Sie diesem Rat. Widmen Sie Ihr Essen Baba und sagen Sie: „Swami, ich befolge den Rat meines Arztes und widme Dir diese Mahlzeit. Bitte übernimm Du dafür die Verantwortung und nicht ich." Lege die Verantwortung in Gottes Hand.«

In seinem Buch erklärt Dr. D'Adamo auch die Gründe für seine Behauptung. Da bewiesen ist, dass nur Bluttransfusionen zwischen gleichen Blutgruppen verträglich sind, kann auch davon ausgegangen werden, dass jede Blutgruppe einer anderen Ernährung bedarf.

Auch dies ist ein Flicken aus einem vergangenen Leben, denn wir haben die Blutgruppe aus der langen Ahnenreihe unserer Familie angezogen, in die wir hineingeboren sind. Jeder Mensch hat die ihm eigene Blutgruppe.

Wir müssen die durch unsere Blutgruppe bedingten Symptome akzeptieren und sollten nicht fanatisch auf einer Ernährungsweise bestehen, die uns nicht zuträglich ist oder die uns nicht mit entsprechender Lebensenergie versorgt. Mangelt es uns an ihr, ist es sehr schwer, den Anforderungen des Lebens gerecht zu werden. Es bedarf viel Energie, den Schwierigkeiten nicht aus dem Weg zu gehen und nicht Süchten wie Alkohol oder Drogen zu verfallen, von denen wir uns, zumindest vorübergehend, Erleichterung erhoffen. Sogar Schlaf kann Flucht vor den Anforderungen des Lebens bedeuten, ebenso Fernsehen und andere Zerstreuungen, die uns davon abhalten, einmal am Tag das Höhere Bewusstsein um Hilfe bei der Bewältigung der verschiedenen Probleme zu bitten, der Probleme, die wir anziehen, um an ihnen zu reifen.

Oft habe ich beobachtet, dass Menschen mit schlechten Essgewohnheiten meist zu viel essen, um so ihre unausgewogene Ernährung auszugleichen. Das trifft besonders auf Vegetarier zu, die ihren Energiemangel mit Unmengen von Zucker und Kohlehydraten ausgleichen, wenn sie sich nicht ihrer Blutgruppe entsprechend ernähren.

Teil III

Rollenverhalten und Karma

Rollenverhalten als Flicken

Wie beeinflussen die von uns mitgebrachten Flicken die verschiedenen Rollen, die wir spielen? War eine Rolle aus einem vergangenen Leben besonders ausgeprägt, spielen wir sie im gegenwärtigen Leben manchmal weiter, ob sie angebracht ist oder nicht. Wenn wir beispielsweise in einem vergangenen Leben äußerst dominant waren, wird es uns möglicherweise schwer fallen, diese Rolle in einem nächsten Leben aufzugeben. Wir werden weiterhin versuchen, Menschen zu beherrschen, die es aber diesmal nicht, wie gewohnt, zulassen werden. Frustriert werden wir dann irgendwann feststellen, dass unser Verhalten diesmal nur Probleme verursacht und sich nicht die gewohnten Erfolge der Vergangenheit einstellen.

So werden wir durch unser Verhalten allmählich lernen, dass uns unsere fortwährende Herrschsucht über Menschen und Situationen nur schadet. Bei Widerstand werden wir gezwungen sein, uns zu verändern. Wenn die Herrschsucht im vergangenen Leben sehr ausgeprägt war, wird es lange dauern und einiger Schicksalsschläge bedürfen, ehe wir uns von dem alten Verhaltensmuster trennen und bereit sind, mit anderen Menschen zusammenzuarbeiten. Manchmal sind mehrere Leben nötig, um alte, tief eingeprägte Verhaltensweisen abzulegen. In einigen Leben werden wir vielleicht selbst unter der Herrschsucht anderer sehr zu leiden haben. Vielleicht werden wir als Kinder äußerst dominanter Eltern geboren, um eine ähnliche Erfahrung der Hilflosigkeit zu machen. Wir kommen vielleicht mit einer schweren Krankheit auf die Welt oder mit körperlichen Mängeln, wie Lähmung oder ähnlichen Gebrechen, und werden dann nicht von Menschen beherrscht, sondern von Umständen, die uns hilflos machen. Auf diese Weise erfahren wir selbst, was wir früher anderen Menschen zugefügt haben. Hoffentlich lernen wir aus diesen schmerzlichen Erfahrungen und nehmen uns vor, niemals diese alten Verhaltensmuster zu wiederholen. Werden wir von körperlichen Gebrechen dominiert, schreitet der Lernprozess nur langsam voran. Wenn wir beispielsweise in der Vergangenheit andere Menschen körperlich vergewaltigt haben, könnten wir heute das Opfer sein, um selbst zu erfahren, was wir anderen einst zugefügt haben.

Es ist sinnlos, andere Menschen, Gott oder das Schicksal für unser Leben verantwortlich zu machen. Wir selbst haben unsere gegenwärtigen Lebensumstände verursacht und wir können sie nur ändern, wenn wir das alte, negative Verhalten ablegen und es durch ein positiveres ersetzen.

Jeder Flicken unserer persönlichen Flickendecke, die wir mitbringen, repräsentiert einen Aspekt, den wir in einem vorherigen Leben nicht ausgelebt haben. Er gestaltet in geringem Maß das gegenwärtige Leben mit. Mit seiner Hilfe können wir lernen, was wir noch nicht verstanden oder akzeptiert haben. Wenn wir die in den vielen Flicken verbliebene Energie mühevoll aufgearbeitet haben, wird die Decke sich auflösen, denn die Energie, die sie am Leben erhielt, ist verloschen. Die Decke gleicht einem Labyrinth, durch das wir dem Licht entgegengehen. Irgendwann werden wir uns mit dem Höheren Bewusstsein identifizieren und nicht mit der Körper-Verstand-Persönlichkeit-Ego-Hülle, von der wir fälschlicherweise annehmen, dass wir es sind. Ich wiederhole nochmals, es ist nicht immer sinnvoll noch ratsam, alle Einzelheiten aus unseren vergangenen Leben wissen zu wollen, aus denen wir die Flicken mitgebracht haben, denn dieses Wissen könnte die damals gemachte Erfahrung von neuem einprägen.

Wir sollten stattdessen einen Flicken nach dem anderen bearbeiten, um uns von altem Karma zu befreien und um das zu lernen, was wir früher nicht im Stande waren zu lernen. Sehr viele Menschen wissen überhaupt nichts von dieser Decke, trotzdem wird ihre Energie auf unbewusster Ebene langsam abgebaut – in bestimmten Fällen aber auch nicht. Ist das der Fall, werden wir zur Wiedergeburt gezwungen und erhalten nochmals die Gelegenheit, die von uns mitgebrachten Flicken zu vermindern. Dieser Prozess ist ganz offensichtlich langsam und mühevoll!

Wenn wir uns bewusst bemühen, die Bedeutung der Flicken zu erkennen, und wenn wir bereit sind, sie aufzuarbeiten und unsere Zeit und Energie nicht mit Wehklagen über unser schweres Los, schwierige Lebensbedingungen und schmerzliche Beziehungen verschwenden, können wir unseren Reifungsprozess beschleunigen und uns von den Folgen vergangener Taten befreien. Um diesen Prozess einzuleiten, müssen wir uns bewusst bemühen, die Flicken zu entfernen. Unser gesamtes Leben gleicht einem Spiegel, der all jene Bereiche reflektiert, die noch Energie und Lebenskraft in sich bergen. Und auch die verschiedenen von uns heute gespielten Rollen können uns darauf hinweisen, wie wir uns in der Vergangenheit verhalten haben.

Unsere Persönlichkeit setzt sich aus den verschiedenen Rollen zusammen, die wir angenommen haben, und jede Rolle repräsentiert einen Flicken, der uns auf die Aspekte hinweist, an denen wir noch arbeiten müssen. Einige Aspekte der Persönlichkeit sind wohlgeraten und wir können sie so belassen. Andere Aspekte (oder Flicken) wiederum verursachen uns Unbehagen. Wollen wir aber Karma ausgleichen, müssen wir genau an diesen arbeiten.

Die meisten Menschen fallen in eine der beiden folgenden Kategorien: Menschen, die andere beherrschen, und Menschen, die sich beherrschen lassen. Diese Art von Beziehung gleicht dem Verhältnis eines Gebieters zu seinem Sklaven oder dem eines Fußabtreters zu dem, der darauf tritt. Diese beiden Rollen halten die Beteiligten in einer engen gegenseitigen Abhängigkeit gefangen, aus der sie sich nur sehr schwer wieder lösen können. Gehört dieser Flicken auch zu deiner Decke?

Nicht jede Rolle trifft ganz offensichtlich auf jeden Menschen zu. Da wir alle viele Rollen spielen, müssen wir diejenigen ausfindig machen, die uns beherrschen. Es ist schwer, wenn nicht sogar unmöglich, sich von den verschiedenen Rollen zu lösen. Ist der Ablösungsprozess jedoch schmerzlich, könnte es sich um einen Flicken handeln.

Die meisten Rollen, die wir spielen, sind in dem Buch »*Frei von Angst und Ablehnung*« genau beschrieben. Die beiden häufiger auftretenden Rollen werden nachstehend als Beispiele angeführt, damit sie besser erkannt werden können. Wurden sie als Flicken identifiziert, können sie mit Hilfe der folgenden Übung »*Die Acht*« entfernt werden.

Die Acht: Bindungen zu Menschen lösen

Mit Hilfe des Symbols der Acht können Menschen ihr eigenes Territorium oder ihre Sphäre schützen und gleichzeitig verhindern, in die Sphäre eines anderen Menschen einzudringen. Bei dieser Übung ist es ratsam, sich immer nur eine Person oder einen beherrschenden Faktor in dem gegenüberliegenden Kreis vorzustellen, um zu verhindern, dass sich die eigenen Reaktionen auf unterschiedliche Personen oder andere beherrschende Faktoren miteinander vermischen. Es besteht jedoch eine Ausnahme von dieser Regel, nämlich wenn man beabsichtigt, sich von einer Gruppe zu lösen, wie zum Beispiel einer Arbeitsgemeinschaft, einer religiösen, politischen oder anderen Organisation, die einen beherrscht und verhindert, dass man der Weisung des Höheren Bewusstseins folgen kann. Die Acht sollte mindestens zwei Wochen vor einer Ablösung täglich praktiziert werden. So ist genügend Zeit, um die Projektionen oder den Einfluss der Person oder der Sache, von der man sich lösen will, zu reduzieren. Manchmal kann es auch etwas länger dauern, bis man sich bereit fühlt, die Trennung zu vollziehen.

> Um die Übung mit der Acht auszuführen, stelle dir vor, du sitzt oder stehst auf dem Boden in einem Kreis aus goldenem Licht. Der Radius des Kreises entspricht deiner Armlänge mit ausgestreckten Fingern.
> Visualisiere vor deinem eigenen einen zweiten goldenen Kreis gleicher Größe. Sie berühren sich, überschneiden sich aber nicht.
> Visualisiere nun ein neonblaues Licht, das vom Berührungspunkt der beiden Kreise aus im Uhrzeigersinn um den gegenüberliegenden Kreis fließt und wieder zum Berührungspunkt zurückkehrt.
> Nun fließt dieses Licht hinter deinem Rücken an deiner rechten Seite vorbei zum Berührungspunkt zurück. Eine Acht entsteht.
> Stelle dir die Acht aus neonblauem Licht jeweils morgens nach dem Erwachen sowie abends vor dem Einschlafen und wenn möglich auch tagsüber zwei Minuten lang vor.

Dieses und andere Symbole sind in dem Buch »*Phyllis Krystal Method®-Arbeitsbuch*« für diejenigen klar beschrieben und illustriert, die sich mit dieser Arbeit intensiver befassen wollen.

Die Rolle des Fußabtreters

Eine sehr verbreitete und extrem hinderliche Rolle ist die des Fußabtreters. Es ist nicht nur ein ernsthaftes Problem für diejenige Person, die diese Rolle - aus welchen Gründen auch immer - angenommen hat, sondern ebenso belastend für diejenigen Personen, die darin eingebunden sind, indem sie über „die Fussmatte" gehen. Jeder Beteiligte versetzt den anderen in die Lage, von einer Rolle beherrscht zu werden, sei es die des Fußabtreters oder die desjenigen, der darüber hinwegläuft.

Es gibt verschiedene Gründe für dieses Rollenspiel. Ein Grund ist karmischer Natur, denn derjenige, der die Rolle des Fußabtreters übernommen hat, wird wahrscheinlich in einem vergangenen Leben rücksichtslos über das Wohl und die Wünsche anderer Menschen hinweggegangen sein, ohne auf ihre Empfindungen zu achten. Kann man besser lernen, was man anderen einst zugefügt hat, als indem man es selbst erfährt? Nur wenn wir heute selbst erleiden, was wir anderen einst durch rücksichtsloses Verhalten zugefügt haben, wird uns ihr Leiden bewusst.

Wir müssen nicht unbedingt alle Einzelheiten über unser vergangenes Leben erfahren. Es reicht, die mögliche Ursache unseres heutigen Rollenverhaltens zu erkennen, um es zu korrigieren. Die Vergangenheit können wir nicht ändern, sie ist vorbei, aber wir können ganz sicher heute aus ihr lernen, denn nur so ist es möglich, die Zukunft zu beeinflussen.

Sobald wir die Verantwortung für unsere vergangenen Fehler übernehmen, können wir verhindern, dass wir die entsprechenden Rollen weiterspielen. Gleichzeitig helfen wir denen, die uns zu ihrem eigenen Vorteil als Fußabtreter missbrauchen.

Gemäß der Karma-Theorie werden wir in eine Familie hineingeboren, die uns ermöglicht, diese Rolle zu spielen, auch wenn sie uns manchmal wie übergestülpt erscheint. Wie viele Rollen wir aus welchem Grund auch immer gespielt haben mögen, es bleibt uns nur die Möglichkeit, die in jeder Rolle enthaltene Lektion herauszufiltern, sie anzunehmen, aus ihr zu lernen und sie dann aufzugeben.

Ein anderer Grund, warum manche Menschen die Fußabtreterrolle annehmen, entspringt dem übermächtigen Bedürfnis, geliebt, bestätigt und anerkannt zu werden. Tatsächlich ist aber oft das Gegenteil der Fall, denn Menschen, die über andere hinweggehen, verachten meist die Schwäche ihrer Opfer. Sie können sie aus diesem Grunde gar nicht achten und schon überhaupt nicht lieben. Ihre überhebliche Haltung werden sie schon aus purer Bequemlichkeit beibehalten und keine Rücksicht auf die Person nehmen, die sie ausnützen.

Beginnt sich jedoch der Fußabtreter zu behaupten, wird der Partner äußerst unnachgiebig auf jede Veränderung reagieren. Er wird alles in seiner Macht Stehende tun, um eine Verhaltensänderung zu verhindern, und versuchen, die Beziehung nach altem Muster weiterzuführen. Diese Zeit ist für den sich wehrenden Fußabtreter kritisch, denn er muss großen Mut und Stärke beweisen, um nicht wieder in die ursprüngliche Rolle zurückzufallen.

Bleiben wir jedoch ruhig und bestehen – möglichst unemotional – auf unserem Recht, uns von einer Rolle zu befreien, die die Entfaltung unseres Wesens behindert, wird die Gegenseite unweigerlich aufhorchen, sei es aus Überraschung, sogar aus Schock über unsere Veränderung. Die Beziehung kann eventuell dadurch in die Brüche gehen. Der Verlust hält sich aber durchaus in Grenzen im Vergleich zu dem Mangel an Freiheit, den diese Rolle mit sich bringt.

Sobald wir diese Rolle aufgeben, werden wir nicht länger Menschen magnetisch anziehen, die uns zum Weiterspielen anhalten, sondern wir werden unsere eigene Stärke entdecken. Diese Stärke kann mit der Hilfe des Höheren Bewusstseins entwickelt werden, und zwar indem wir Es bitten, uns als Sein Instrument zu benutzen und uns die Rolle zuzuweisen, die für uns zu diesem Zeitpunkt angemessen ist.

Wie für alle anderen Bindungen muss auch für diese Rolle ein Symbol gefunden werden. Dieses Symbol sollte in dem gegenüberliegenden Kreis der Acht (S. 100) für mindestens drei bis vier Wochen visualisiert werden, besser aber länger. Nach Ende dieser Zeit müssen die beiden Kreise getrennt und das Symbol zerstört werden. Der Kreis, der das Symbol enthielt, wird ausgelöscht. Wurde ein Bild oder eine Tonfigur von dieser Rolle angefertigt, müssen auch diese zerstört werden, um dem Unbewussten klar zu übermitteln, dass diese Rolle nicht länger gespielt wird.

Die dominierende Rolle

Den meisten von uns ist das Gefühl von Unsicherheit unerträglich und besonders das Gefühl, das eigene Leben nicht unter Kontrolle zu haben. Daher werden wir alles daransetzen, diese Kontrolle möglichst nicht aufzugeben. Sai Baba sagt immer wieder: »Liebe meine Unvorhersehbarkeit« (»Love my uncertainty«), eine für viele Menschen sehr beängstigende Botschaft, die sie nicht akzeptieren können, geschweige denn danach leben. Ein anderer, für viele ebenso beunruhigender Ratschlag lautet: »Gib deine Pläne auf, auch deine besten.«

Wenn wir aber tatsächlich verstanden haben, dass wir weder der Körper noch der Wille, das Ego oder die Persönlichkeit sind, haben diese beiden Aussprüche durchaus ihre Berechtigung.

Wenn wir uns ernsthaft bemühen, ein Instrument des Höheren Bewusstseins zu werden, ist es unabdingbar, dass wir unsere eigenen Vorstellungen über unsere Lebensgestaltung aufgeben und Ihm gestatten, uns zur rechten Zeit an den rechten Ort zu führen. So wird Es uns mit Menschen zusammenbringen, die nicht nur uns helfen, sondern denen auch wir helfen können. Ich wiederhole, »Hingabe, Vertrauen, Annehmen« ist eine unerlässliche, tägliche Übung, die uns dabei unterstützt, unsere Kontrolle durch das Ego zu durchbrechen, so dass wir uns der Führung des Höheren Bewusstseins anvertrauen können. Dieser erste Schritt kann bei vielen Menschen große Angst und Gefühle tiefer Unsicherheit auslösen. Haben wir uns aber daran gewöhnt, werden wir uns befreit fühlen und uns ganz automatisch nicht mehr um die Zukunft sorgen, sondern bereit sein, voll und ganz in der Gegenwart zu leben. Es bedarf nur einer Minute, um das Höhere Bewusstsein zu bitten, uns die nächsten Schritte in klaren Zügen aufzuzeigen.

Egal, welche der beiden Rollen wir spielen, die des Gebieters oder die des Sklaven, immer werden wir von jemandem oder von etwas beherrscht, der oder das nicht das Höhere Bewusstsein ist. Die Person, die den Gebieter spielt, wird von seinem eigenen Ego/Willen dominiert und der Sklave wird durch das Ego/den Willen eines anderen Menschen dominiert.

Wir haben gelernt, dass kein Mensch das Recht hat, einen anderen zu beherrschen, da jeder für seinen persönlichen Lern- und Reifeprozess selbst verantwortlich ist. Wir können nicht für jemand anderen lernen oder wachsen, selbst für unsere eigenen Kinder nicht. Vielleicht glauben wir zu wissen, was für uns das Beste ist, aber auch das stimmt nicht immer. Viele von uns müssen die schmerzhafte Erfahrung machen, dass ihre Erwartungen trotz starken Bemühens nicht erfüllt wurden. Da wir selbst nicht immer wissen, was für uns gut ist, wie wollen wir dann wissen, was für jemand anderen gut sein soll? Der Versuch, einen Menschen zu beherrschen, ist aus diesem Grunde ein absoluter Egotrip. Er setzt voraus, dass wir wissen, was für die andere Person am besten ist. Wir sind jedoch hauptsächlich mit der Befriedigung unserer eigenen Bedürfnisse beschäftigt und verlangen anmaßend von der von uns versklavten Person, dass sie unsere eigenen Bedürfnisse erfüllt.

Viele Beispiele für Herrschsucht sind klar erkennbar, aber es gibt auch subtilere Formen davon. So werden beispielsweise Krankheiten oder andere Gebrechen häufig als Mittel benutzt, um Familienmitglieder in die Rolle von Sklaven zu drängen, die dann für den Erkrankten sorgen.

Auch durch Liebesentzug versuchen Menschen, andere zu beherrschen, falls sie nicht bereit sind, die eigenen Forderungen zu erfüllen. Wieder andere versuchen durch Erwecken von Schuldgefühlen ihre Forderungen durchzusetzen oder durch den Vorwurf, nicht geliebt und vernachlässigt zu werden. Andere wiederum verstecken ihre Herrschsucht hinter zuckersüßem Verhalten und geben sich verletzt, wenn sie darauf angesprochen werden. Viele Menschen benutzen Geld als Mittel der Unterdrückung, um Familienangehörige oder andere Menschen, die in ihrer Abhängigkeit leben, zu halten. Es gibt unzählige Wege und Mittel, andere zu beherrschen. Wir müssen daher unseren oft subtilen Umgang mit Menschen erforschen, um feststellen zu können, wie wir sie zu unserem Vorteil benutzen.

Teil IV

Familienkarma

Die Familienatmosphäre

In meinem ersten Buch »*Die inneren Fesseln sprengen*« schlug ich vor, zwei Listen anzufertigen: eine Liste für den Vater und eine für die Mutter. Jede Liste ist in zwei Spalten zu unterteilen. Die eine enthält alle positiven Züge des Elternteils und die andere alle negativen. Die zugrunde liegende Idee war, festzustellen, ob wir die eine oder andere Eigenschaft imitiert oder ob wir gegen sie rebelliert oder konträr zu ihr gehandelt haben. Der Nachwuchs jeder Spezies lernt durch Nachahmen des elterlichen Verhaltens. Menschenkinder sind jedoch auch in der Lage, sich dagegen aufzulehnen. Dies hängt von ihrer Haltung zum jeweiligen Elternteil ab.

Jeder von uns betritt dieses Leben mit einer unsichtbaren Flickendecke. Sie setzt sich aus Charakterzügen zusammen, die uns daran hindern zu erkennen, wer wir sind. Aufgrund dessen ist es uns nicht möglich, dem Höheren Bewusstsein zu gestatten, unsere Persönlichkeit mit ihren Veranlagungen, Eigenschaften und allen sonstigen Teilen unseres menschlichen Selbst als Sein Instrument zu benutzen.

Da uns jedoch gezeigt wurde, dass jeder Flicken noch die Energie unserer vergangenen Taten in sich birgt, werden wir in eine Umgebung hineingeboren, die es uns ermöglicht, die verschiedenen Flicken zu enträtseln. So werden sie diese Energie verlieren, uns nicht länger beherrschen und uns nicht mehr an die physische Hülle binden anstatt an das Höhere Bewusstsein.

Wegen dieses Lernprozesses werden wir als männlicher oder weiblicher Säugling in eine Familie geboren, die die Erbanlagen beider Elternteile und die Persönlichkeiten aller Familienmitglieder umfasst. Alle Familienmitglieder sind unsere potentiellen Lehrer, aber nur wenn wir bereit sind, sie auch als Lehrer zu akzeptieren, und sie nicht zurückweisen – und mit ihnen all das, was sie uns lehren könnten.

Zusätzlich zu den Verwandten und den der Familie nahe stehenden Personen werden wir in eine familiäre Atmosphäre geführt, die sich aus den verschiedenen Einstellungen zu unzähligen Themen zusammensetzt. Diese nehmen wir in uns auf wie die Luft, die wir atmen. Diese Atmosphäre blockiert jedoch unseren Kontakt zum Höheren Bewusstsein und verhindert, dass wir Es als unseren Wegweiser akzeptieren. Beginnen wir diese Blockaden wegzuräumen, wird sich das innere Licht offenbaren. Dann kann es wieder strahlen, sein Glanz wird die Welt erleuchten und ihr das seit Jahrhunderten verlorene Herz zurückbringen. Wenn wir uns selbst erlösen, tragen wir auch dazu bei, die Welt aus der gegenwärtigen Finsternis hinauszuführen, dem Licht entgegen, von Hass und Krieg zu Liebe und Mitgefühl. Aus diesem Grund ist es nicht nur ein Privileg, sondern auch eine Notwendigkeit, an unserer eigenen, persönlichen Erlösung zu arbeiten. Denn wir helfen gleichzeitig, das Gleichgewicht in der Welt wiederherzustellen.

Wir müssen uns nicht nur von den Autoritätspersonen und von den Menschen befreien, die uns Sicherheit geben, sondern auch von der in unserem Elternhaus vorherrschenden Atmosphäre, die unzählige Themengebiete umgab und unser Leben durchdrang; wir müssen diese Atmosphäre aufdecken und unwirksam machen. Diese komplexe, familiäre Geisteshaltung durchdrang und umgab uns buchstäblich, wie das Wasser den Fisch. Heute sollten wir unsere Reaktionen auf jedes einzelne Thema beobachten, um festzustellen, ob wir uns so frei ausdrücken können, wie wir es gerne möchten.

Reaktionen spiegeln nicht unbedingt echte Ansichten wider, so können sie unserem heutigen Leben veraltet und unangemessen sein, obwohl sie in unserer Kindheit vielleicht angebracht waren. Erwachsen werden bedeutet zum großen Teil auch zu erkennen, wie wir bestimmten Themen gegenüber programmiert wurden. Erst dann können wir entscheiden, ob die von uns übernommenen Konzepte auch tatsächlich unsere Einstellung als Erwachsene wiedergeben. In welcher Hinsicht entsprechen beziehungsweise widersprechen sie unseren gegenwärtigen Ansichten, zu denen wir stehen und die wir leben möchten?

Sobald wir die Themen auf die wir am stärksten reagieren, aufgedeckt haben, können wir uns auch aus ihrem Griff befreien. Je starrer unsere

Eltern an alten Ansichten festhielten und je stärker wir gezwungen wurden, sie zu akzeptieren, umso heftiger rebellierten wir gegen sie. Jetzt brauchen wir aber nicht mehr so zu reagieren. Es wäre weitaus sinnvoller, die Fesseln zu alten, überflüssig gewordenen Verhaltensmustern zu durchtrennen, um frei nach unseren eigenen Wünschen leben zu können.

Die angefertigten Listen der elterlichen Eigenschaften weisen uns auch auf Verhaltensmuster hin, von denen wir uns trennen sollten. Erst wenn wir uns von ihrer Dominanz lösen, können wir uns frei ausdrücken und nach den Richtlinien leben, die uns heute als richtig und sinnvoll erscheinen, anstatt unbewusst das Leben unserer Eltern zu führen, die ein anderes karmisches Erbe haben.

Jeder wurde mit den ihm eigenen Flicken geboren und kein Mensch hat identische Flicken, so wie es auch keine identischen Fingerabdrücke gibt. Da jeder Flicken noch die Energie vergangener Taten in sich birgt, wählen wir für unsere Wiedergeburt genau die Umgebung aus, in der wir die verschiedenen Flicken entschlüsseln und ihre Energie aufbrauchen können – bis sie uns nicht länger beherrschen wird.

Wir werden durch die Flicken zu einer Familie hingezogen, die für unseren Lernprozess geeignet ist. Sie bietet uns alle notwendigen Herausforderungen, deren Überwindung uns zu geeigneten Instrumenten für das Höhere Bewusstsein werden lässt.

Wir wollen nun den Einfluss frühkindlicher Programmierung hinsichtlich verschiedenster Themen untersuchen. Als Kind haben wir die von den Eltern und Verwandten vertretenen Auffassungen, größtenteils für wahr und bedeutsam gehalten und übernommen. Manche sind es zweifellos, wohingegen andere vielleicht nur damals sinnvoll waren, aber den heutigen Lebensumständen nicht mehr entsprechen. Viele Ansichten und Gewohnheiten werden von Generation zu Generation weitergereicht. Sie entstammen dem kulturellen Hintergrund der Familie, den Sitten des Landes oder der nationalen Gruppe, in die wir hineingeboren wurden. Wir haben sie mit der Muttermilch meist auf unbewusster Ebene aufgesogen, ohne uns bewusst zu überlegen, ob sie berechtigt oder sinnvoll sind. Sie umfassen fast jedes erdenkliche Thema und wurden in die sich entwickelnde Persönlichkeit hineingewoben, die unsere wahre Identität umhüllt.

Da sie uns von den Eltern, anderen Familienmitgliedern oder Freunden übermittelt wurden und nicht unserem eigenen Inneren entsprangen, müssen wir nachforschen, ob sie für unser heutiges Leben noch richtig und nützlich sind.

Falls nicht, sollten wir die Fesseln zu ihnen durchtrennen und sie aufgeben. Sind sie aber immer noch ein Teil unserer Persönlichkeit, ohne von uns bewusst wahrgenommen zu werden, werden sie unser gesamtes Handeln beeinflussen. Sie liegen Denkweisen oder Maßstäben zugrunde, denen wir automatisch folgen. Sie sind eine Gedankenform, die zur Gewohnheit wurde und unser Verhalten beherrscht.

Das Verhalten anderer Menschen uns gegenüber wird oft durch diese familiären Verhaltensstrukturen bestimmt. Da wir uns ihrer aber meist nicht bewusst sind, staunen wir nicht selten über die Reaktionen anderer und halten sie für ungerecht.

Wir alle wachsen in einer bestimmten Atmosphäre oder einem familiären Klima auf, das wir in unser Leben als Erwachsene mitnehmen. Nachdem wir mit diesem Konzept vertraut sind, können wir auch nachvollziehen, dass wir stets auf das »Klima« reagieren, das die verschiedenen Themenbereiche umgibt, so wie unsere Eltern die Atmosphäre reflektieren, in der sie erzogen wurden. Auch hier ist wieder die Kettenreaktion von einer Generation zur anderen erkennbar. Im Grunde genommen ist das das »Erbe« unserer Familie.

Das Familienklima oder die familiäre Atmosphäre ist eine Gedankenform, die mit der Energie der Familienmitglieder über Jahre hindurch aufgeladen wurde und dadurch sehr machtvoll ist. Sie kann so übermächtig werden, dass Kinder, die darin aufwachsen, von ihr überwältigt werden und sich nicht mehr von ihr befreien können.

Um einige dieser frühkindlichen »klimatischen Strömungen« aufzudecken, müssen wir uns auf eine Art Schatzsuche begeben und Hinweise finden, die in der Vergangenheit begraben liegen. Vermeiden wir aber diese mühevolle Nachforschung, werden wir ihren Einfluss auf unser Leben niemals erkennen.

Diese Nachforschung setzt unsere Bereitschaft voraus, eine Reise zurück in unsere Erinnerung anzutreten. Wir sollten das Höhere Bewusstsein bitten, uns die vielen verschiedenen Denkweisen aufzuzeigen, die durch die psychologische Atmosphäre entstanden sind, in die wir hineingeboren wurden und mit der wir aufgewachsen sind, denn sie beeinflussen uns noch heute.

Durch persönliches Hinterfragen kann angenommenes Familienverhalten aufgedeckt werden. Wir können uns fragen: Auf welche Themen reagiere ich besonders heftig? Habe ich strikte politische Auffassungen, vertrete ich meine Ansichten und meine Interessen vehement, reagiere ich auf die Ansichten und Meinungen anderer intolerant? Wie stehe ich zur Religion? Lasse ich Leute, die anderer Meinung sind, ihre Ansichten darlegen, ohne darauf gereizt oder kritisch zu reagieren, versuche ich sie von meinem Standpunkt zu überzeugen, den ich selbstverständlich als den besseren erachte? Ein anderes konfliktbeladenes Thema ist die Kindererziehung und die Erziehung im Allgemeinen. Wie bin ich zu meiner Einstellung gekommen, ist sie noch gültig und angemessen?

Oder die andere Möglichkeit: Fühle ich mich in der Gesellschaft eines Menschen irritiert, unsicher oder in die Defensive gedrängt, wenn er seine Meinung über bestimmte Themen sehr explizit darlegt? Falls ja, was habe ich in meiner Kindheit erlebt, dass ich jetzt so reagiere? Haben Vater, Mutter oder andere nahe Verwandte mir ihre Ansichten aufgezwungen, die ich akzeptieren musste, obwohl ich anderer Überzeugung war? Wurde ich sogar bestraft, wenn ich mich ihrer Meinung nicht anschloss? Wurde ich Zielscheibe ihres Spotts oder ihrer Feindseligkeit, wenn ich anderer Meinung war? Diese alten Einstellungen sind Gedankenformen, die uns sehr beeinflussen. Sie müssen entfernt werden, wenn wir uns frei und ungezwungen nach innen wenden möchten, um unsere eigene Autorität, das Höhere Bewusstsein, nach angemessenem Handeln zu befragen.

Ererbte Einstellungen zu verschiedenen Themen sind nicht unbedingt etwas Negatives. Nur wenn sie zu dominierend werden, sollten sie aufgegeben werden, damit wir in direkten Kontakt zu unserem inneren Ursprung treten können. Erst mit Hilfe des Höheren Bewusstseins können wir die richtige Einstellung zu den vielen Dingen des Lebens finden und uns frei entscheiden, wie wir am besten mit ihnen umzugehen haben. Wenn wir aber zulassen, dass uns ererbte oder von Eltern, Verwandten oder Freunden übernommene Verhaltensmuster weiterhin beherrschen, werden wir niemals die für uns richtigen Entscheidungen treffen.

Dieser Individuationsprozess wird uns allmählich befreien und wir werden, nachdem wir alle äußeren Faktoren losgelassen haben, feststellen, dass wir mit unserem innersten Wesen verbunden sind – dem Wahren Selbst. Auf dieser Ebene sind wir eins mit dem Wahren Selbst anderer (siehe Maibaum-Übung, Seite 20). So entziehen wir uns der Kontrolle der Egos anderer Menschen und erreichen den Punkt, wo wir zweifelsfrei wissen, dass wir und folglich auch alle anderen Menschen in unserem innersten Wesen Gott sind. Wir sind alle eins. Wir müssen uns von Familien- oder Sippen-Überlieferungen lösen und dem Höheren Bewusstsein gestatten, sich durch uns zu manifestieren. Nur so wird eines Tages das Goldene Zeitalter anbrechen.

Die Acht

Bindungen zu Gegenständen und Immateriellem lösen

Die Methode, mit der man sich von einem dominierenden nichtmenschlichen Faktor befreit, unterscheidet sich von dem Ritual, bei dem man sich von einem Menschen löst. Es ist manchmal schwer, ein passendes Symbol für etwas so Immaterielles wie die Familienatmosphäre oder das Familienklima zu finden. Es gibt dafür zwei Methoden. Beide setzen voraus, dass der bewusste Verstand durch Fernsehen, Lesen eines spannenden Buches oder Hören der Lieblingsmusik gänzlich abgelenkt wird.

Bei der ersten Methode benötigt man ein Stück Papier, einen Kugelschreiber, einen Bleistift oder Zeichenkreide. Rechtshänder benutzen die linke Hand und umgekehrt. Bitte das Höhere Bewusstsein, deine Hand zu führen, um eine Zeichnung anzufertigen, die das Klima oder die Atmosphäre wiedergibt, von der du dich befreien willst. Vergiss dabei nicht, dass es kein Kunstwerk oder erkennbares Bild sein muss. Das Unterbewusstsein wird die Botschaft verstehen und entsprechend handeln.

> Visualisiere mindestens drei bis vier Wochen lang die Figur der Acht, falls notwendig auch länger. Lege deine Zeichnung in den dir gegenüberliegenden Kreis. Nach Ende des Rituals bitte das Höhere Bewusstsein, dir zu zeigen, wie du die beiden Kreise trennen und das Symbol zerstören sollst, das die Familienatmosphäre versinnbildlicht. Dann zerstöre das Papier, auf das du das Symbol gezeichnet hast, um auch so deinem Unbewussten zu vermitteln, dass du nicht mehr von dieser Atmosphäre beherrscht werden willst.

Bei der anderen Methode benötigst du Tonmasse. Der bewusste Verstand muss wiederum durch eine spannende, dir angenehme Beschäftigung abgelenkt werden. Bitte das Höhere Bewusstsein, dir bei der Modellierung eines Symbols zu helfen, das die Familienatmosphäre oder das Familienklima wiedergibt, von dem du dich befreien willst. Zum Modellieren kannst du beide Hände benutzen und auch hier gilt, dass du kein Meisterwerk anzufertigen brauchst. Bitte das Höhere Bewusstsein, dir zu zeigen, wie du das Symbol zerstören sollst, und verfahre entsprechend Seinen Anweisungen. Es gibt viele verschiedene Wege, das Symbol zu zerstören. Es kann einer Autoritätsperson übergeben werden, wie beispielsweise der Personifikation deines Höheren Bewusstseins, es kann aber auch verbrannt, vergraben, in einen Vulkan oder ins Meer geworfen oder sonst wie zerstört werden. Deinem Unbewussten prägt sich so ein, dass du von diesem Familienklima nicht länger beherrscht werden möchtest.

Geld

Wir alle haben unsere persönliche Einstellung zu Geld, die jedoch von der elterlichen Einstellung oder der anderer Familienmitglieder gegenüber dieses Handelsinstruments bestimmt wurde. In manchen Familien ist Geld ein Sicherheitssymbol. Kinder wachsen mit dem Gefühl der Sicherheit auf, wenn sie glauben, dass genügend Geld vorhanden ist, und verlieren dieses Gefühl, wenn sie irgendwann in ihrem Leben kein Geld mehr haben. Es ist eine bekannte Tatsache, dass ein Kurssturz an der Börse oft die Zahl der Selbstmorde erhöht, ebenso wie hohe Verluste am Roulettetisch oder beim Glücksspiel Menschen in den Tod treiben können. Die Beziehung zu Geld gleicht manchmal einer Art Anbetung, ähnlich der einer Gottheit.

Dazu kommt es, wenn Menschen dem Geld übernatürliche Macht zuweisen, die ihnen Glück, Sicherheit, Bestätigung, Liebe oder anderen ersehnten Segen bescheren soll. Mit Geld glauben sie alle Wünsche erfüllen zu können. Ihre gesamten Bemühungen sind darauf gerichtet, so viel wie möglich zu verdienen, und sie finden den Gedanken unerträglich, es wieder zu verlieren. Sie halten das Geld fest, konzentrieren sich darauf, es so gut wie möglich zu vermehren, und sind niemals gesättigt. Da möglichst viel Geld zu verdienen ihr Ziel ist, wird alles, was sie tun, von diesem Ziel bestimmt, egal, ob es sinnvoll ist oder nicht. Das Motiv der Arbeit ist in diesem Fall nicht der Dienst am Nächsten, sondern das Anhäufen von Geld. Solche Menschen beurteilen andere nach ihrem Wohlstand und wer weniger wohlhabend ist als sie selbst, dem fühlen sie sich weit überlegen.

Dann gibt es Menschen, die in einer Familie aufwuchsen, in der die Eltern nur widerwillig Geld ausgaben und es vorzogen, es für schlechte Zeiten anzusparen und wie Geizhälse zu horten. Zwischenzeitlich bestraften sie sich selbst und ihre Kinder, indem sie nicht nur beim Essen knauserten, sondern auch bei der Kleidung, der Wohnung und allen anderen Grundbedürfnissen, die mit Geld gekauft werden können.

Es gibt sehr viele verschiedene Einstellungen zu Geld. Wir sollten auf unsere Kindheit zurückschauen und uns zu erinnern versuchen; wie die Einstellung unserer Eltern war und wie sie uns übermittelt wurde. Vielleicht entdecken wir, dass die Eltern gegensätzliche Anschauungen zu Geld hatten, da sie unterschiedliche Vorgeschichten hatten. In solchen Fällen brachten die Eltern die jeweils unterschiedlichen Einstellungen zu Geld in die Ehe mit. Die gemeinsamen Kinder, die diese widersprüchlichen Ansichten erben, könnten dann Schwierigkeiten im Umgang mit Geld bekommen.

Angenommen, du wirst in eine Familie geboren, in der die Mutter die Neigung zur Verschwendungssucht mitbrachte. Der Vater hingegen wurde sehr sparsam erzogen. Diese beiden sehr unterschiedlichen Einstellungen zu Geld werden höchstwahrscheinlich Spannungen zwischen den Eltern erzeugen. Dieser Konflikt wird sich auch auf die Kinder auswirken, die wiederum zwischen zwei gegensätzlichen Einstellungen zu Geld hin- und hergerissen sind. Manche Kinder werden dem Beispiel der Mutter folgen, andere dem des Vaters und wieder andere werden überhaupt nicht wissen, wie sie sich entscheiden sollen. Sie werden abwechselnd zu sparsam oder zu verschwenderisch sein.

Schädlich ist für Kinder, wenn ihnen mit Geld gedroht wird oder sie damit bestochen werden und es auf diese Weise als Machtmittel zu große Bedeutung erlangt. Entweder verübeln sie es ihren Eltern oder sie eignen sich diese Einstellung selbst an und wiederholen diese Fehler bei ihren eigenen Kindern.

Ich arbeitete mit einem jungen Mann zusammen, dessen Eltern sehr unterschiedliche Auffassungen von Geld hatten. Bereits die Eltern seines Vaters hatten eine gegensätzliche Einstellung zu Geld mitgebracht. Aus diesem Grunde war sein Vater manchmal äußerst großzügig und gab zu viel Geld für die falschen Dinge aus und manchmal war er ausgesprochen geizig. Seine Kinder fühlten sich durch sein Verhalten verunsichert und wuchsen so mit widersprüchlichen Botschaften auf. Der junge Mann, mit dem ich arbeitete, reagierte genau wie sein Vater, entweder war er verschwenderisch oder geizig.

Die Mutter wuchs in einer Familie auf, in der kaum Geld für das Nötigste vorhanden war. Sie brachte also in ihre Ehe die Angst mit, mittellos zu werden. Eines der Geschwister folgte ihrem Beispiel und neigte dazu, Geld für schlechte Zeiten zu horten, während das andere Kind sich verschwenderisch gab.

Da ich nur mit dem jungen Mann zusammenarbeitete, versuchte ich seine Aufmerksamkeit auf sein fehlerhaftes Verhalten zu lenken. Als er sah, dass sein Verhalten durch die familiäre Atmosphäre verursacht wurde, konnte er seine widersprüchlichen Reaktionen aufgeben und sich selbst entscheiden, wie er mit den sich bietenden Umständen umgehen wollte.

Nachdem er das passende Symbol gefunden und die Übung mit der Acht zwei Wochen (siehe Hinweis S. 11) lang praktiziert hatte, durchtrennte er die Fesseln, die ihn mit dem Symbol verbanden. Der Erfolg stellte sich sofort ein. Da er sehr unter seinen finanziellen Fehlentscheidungen gelitten hatte, war er überglücklich, eine Methode gefunden zu haben, die ihm half, keine weiteren Fehlentscheidungen mehr zu treffen. Auch entschloss er sich, dieses Verhaltensmuster nicht an seine Kinder weiterzugeben. Er konnte die in seiner Familie aufgetretene Kettenreaktion durchtrennen und sich von ihrer Kontrolle über seinen Umgang mit Geld befreien.

Ein anderes Beispiel betrifft eine Frau, deren Vater alle Bereiche des Lebens stark kontrollierte. Diese Einstellung entspringt oft einem Gefühl der Unsicherheit, was sicherlich bei diesem Mann zutraf. Er wuchs absolut ohne Sicherheit auf. Als Säugling wurde er Waise und kam in vier verschiedene Pflegeheime. Als Erwachsener entwickelte er dann in dem verzweifelten Bemühen, seiner frühkindlichen Unsicherheit entgegenzuwirken, den Zwang, alles und jeden kontrollieren zu wollen.

Er beurteilte Menschen nach ihrem Geld, kritisierte seine Frau und die Kinder ständig und nannte sie Versager, wenn sie seine Erwartungen nicht erfüllten. Als ich die Frau bat, mir etwas über ihre Mutter zu erzählen, die sie kaum erwähnte, sagte sie, dass diese dem herrschsüchtigen und ständig übellaunigen Vater stets Folge zu leisten hatte. Völlig eingeschüchtert starb sie in jungen Jahren an Erschöpfung und Depressionen.

Die Tochter, die ständig zu hören bekam, dass sie nur dann anerkannt würde, wenn sie viel verdiente, trat ins Geschäftsleben ein und hoffte, durch den finanziellen Erfolg die Anerkennung ihres Vaters zu finden. Sie eignete sich aber nicht für dieses Leben, gab auf und fühlte sich umso mehr als Versagerin. Als sie die Ursache ihres Dilemmas zu begreifen begann, durchtrennte sie die Fesseln zu der Herrschsucht ihres Vaters, ließ sich ihren Neigungen entsprechend ausbilden und wurde aus sich heraus erfolgreich. Sie ist nun fähig, ihre eigenen Kinder menschlicher zu erziehen, als sie es selbst erleben musste.

Dann gibt es Menschen, die in einer Familie aufwuchsen, in der Geld verachtet und nicht erwähnt wurde. Diese Gruppe schließt auch die so genannten spirituellen Menschen ein, die der Meinung sind, dass Geld der Spiritualität abträglich ist, und die sich befleckt fühlen, wenn sie damit umgehen müssen. Gleichzeitig leben sie jedoch sehr zufrieden von dem Geld – oder »dreckigen Mammon«, wie sie es nennen – ihrer Eltern oder anderer Menschen, die es sich mühsam verdient haben. Sie betrachten es offensichtlich als ihr Recht, von anderen unterstützt zu werden, um selbst frei vom schmutzigen Einfluss des Geldes zu bleiben, denn Geld ist für sie nur ein Hindernis auf ihrem spirituellen Pfad.

Geld an sich ist neutral, weder gut noch böse. Entscheidend ist allein das Motiv des Geldgebers; also ob es für etwas Positives oder Negatives eingesetzt wird.

Anstatt starre und unangenehme Familienmuster zu wiederholen, verhalten sich manche Menschen auch konträr zu den anderen Familienmitgliedern. Kinder einer wohlhabenden Familie distanzieren sich beispielsweise häufig von der Art und Weise, wie ihre Eltern das Geld verehren. Während Kinder, die in einem armen Elternhaus aufwuchsen, oft diesen Mangel zwanghaft auszugleichen versuchen und danach streben, so viel wie möglich zu verdienen, um das Familienmuster von Armut und die damit verbundenen Folgen nicht zu wiederholen. Diese und viele andere Verhaltensmuster ähneln einer Falle oder einem Gefängnis, das Menschen an ihre speziellen, einengenden Ansichten kettet.

Wir müssen also versuchen, die familiären Strömungen oder Denkweisen, die das Thema Geld in unserer Familie umgaben, aufzudecken, da sie, bewusst oder unbewusst, unsere persönliche Einstellung dazu weitgehend bestimmen. Erst dann können wir unser Unbewusstes neu programmieren, alte Traumata heilen und deren körperliche, mentale und emotionale Folgen beheben.

In der Vergangenheit gab es viele Methoden, das Unbewusste neu zu programmieren. Dr. Emile Coue entwickelte erstmals eine solche Methode. Sie bestand darin, mehrmals täglich zu wiederholen: »Mir geht es besser, immer besser jeden Tag.« Nach einer gewissen Zeit stellte sich jedoch heraus, dass in manchen Fällen die gegenteilige Wirkung eintrat. Bevor nicht die Fesseln zu einigen alten Verhaltensmustern tatsächlich durchtrennt werden, können meiner Meinung nach auch keine neuen, effektiveren Methoden eingeführt werden.

Essen und Trinken

Essen ist lebensnotwendig. Entsprechend viele unterschiedliche Mythen und Ansichten haben sich darum gebildet. Auch hier nehmen Kinder auf unbewusster Ebene die elterliche Einstellung an. Wird in der Familie dem Essen zu viel Bedeutung beigemessen, werden ihm auch die Kinder unnötige Bedeutung schenken.

Da Essen ein Gefühl des Wohlseins und der Zufriedenheit vermittelt, isst man gerne in Zeiten des Stresses, um Angst, Sorgen, Depressionen und Einsamkeit zu lindern. Diese Angewohnheit kann so selbstverständlich werden, dass sie zur Sucht wird. So ein Mensch wird essen, wann immer er ein Wohlgefühl oder Halt sucht. Essen und andere materiellen Dinge können aber nur vorübergehend eine Linderung bieten. Da die Wirkung schnell vergeht und die Probleme bestehen bleiben, muss man sich ihnen irgendwann stellen und sie lösen. Dieses in der Kindheit angenommene Fluchtverhalten muss aufgegeben werden, wenn es die betroffene Person so weit beeinflusst, dass sie ihre Probleme nicht mehr lösen kann.

Ein anderes familiäres Verhaltensmuster entsteht, wenn Essen von den Eltern als Mittel der Bestechung oder Drohung eingesetzt wird. Entsprechen Kinder den Wünschen ihrer Eltern, so wissen sie, dass sie mit Essen belohnt werden, sind sie hingegen ungehorsam, wird ihnen ihre Lieblingsspeise verweigert.

Dieses Verhalten weitet sich auch häufig auf andere Lebensbereiche aus. So glauben beispielsweise solche Menschen gerne, sich mit Essen belohnen zu müssen, wenn sie hart gearbeitet haben oder erfolgreich waren. Schließlich wurden sie schon als Kinder für einen Erfolg auf diese Weise belohnt. So entwickelt sich ein schlechtes und ungesundes Essverhalten, das im Erwachsenenalter viele verschiedene Probleme wie Bulimie und Anorexie hervorrufen kann.

Wir sollten daher die speziell mit Essen verbundenen Verhaltensmuster aufdecken und ein Symbol dafür finden, da Verhaltensmuster nicht greifbar sind. Dieses Symbol sollte dann in der Acht drei bis vier Wochen visualisiert werden, ehe die beiden Kreise durchtrennt und das Symbol vernichtet werden kann. Auf diese Weise können wir uns von einem kindlichen Verhaltensmuster lösen, das unsere Essgewohnheiten bislang bestimmt hat.

Ein anderer Aspekt hängt eng mit der Atmosphäre bei Tisch zusammen. In vielen Familien werden bei Tisch Probleme besprochen und Kritik geübt. Diese Angewohnheit verbindet das konkrete Einnehmen von Mahlzeiten mit unerfreulichen Erfahrungen und verursacht Spannungen, die mit der Nahrungsaufnahme in Verbindung gebracht werden.

In diesem Zusammenhang denke ich an eine Familie, die während der Mahlzeiten das Tagesgeschehen besprach, die Fehler der einzelnen Familienmitglieder offen legte und sie diskutierte. Diese Praxis verursachte den Einzelnen großes Unbehagen und hatte zur Folge, dass Essen mit Beklemmung gleichgesetzt wurde. Alle Geschwister litten unter Darmproblemen und Magenbeschwerden. Erst als einer oder zwei von ihnen die Fesseln zu den vergangenen Reaktionen durchtrennten und auch ihren Geschwistern diese Hilfe anboten, konnten sie sich von diesen Beschwerden befreien.

Ich musste zum Beispiel jedes Krümelchen von meinem Teller aufessen, ehe ich vom Tisch aufstehen durfte. Diese Praxis wurde immer mit der Bemerkung verbunden, ich solle an die hungernden Armenier denken. Ich wusste überhaupt nicht, wer die Armenier überhaupt waren, trotzdem wurden sie zu meinen Feinden, da ich wegen ihnen mehr essen musste, als ich konnte. Erst als ich die Fesseln zu diesem frühkindlichen Verhaltensmuster durchtrennte, verursachten mir Mahlzeiten kein Unbehagen mehr.

Ich möchte noch einmal zusammenfassen: Spielt das Essen eine zu wichtige Rolle für die Eltern, ist es auch häufig für die Kinder sehr wichtig. Wird es als Bestechung oder Belohnung eingesetzt, wird es auch im späteren Leben als Belohnung oder für das eigene Wohlbefinden eingesetzt werden. Wird Essen mit Liebe und Anerkennung verbunden, werden Kinder essen, wann immer sie sich ungeliebt, kritisiert oder verunsichert fühlen. Fresssucht und andere Störungen im Essverhalten gehen meist auf ein solches Familienmuster zurück.

Zeit und Pünktlichkeit

Ich habe mir niemals zuvor Gedanken darüber gemacht, dass jeder Mensch auf der Welt genau gleich viel Zeit zur Verfügung hat, ehe es mir Sai Baba in einem Interview sagte. Ja, wenn wir darüber nachdenken, haben wir alle genau 24 Stunden täglich zu unserer Verfügung. Wie wir jedoch diese uns zur Verfügung stehende Zeit verwenden, hängt zu einem großen Teil von der Einstellung unserer Familie ab und von unserer Reaktion auf diese frühkindliche Konditionierung.

Entweder ahmen wir den Umgang unserer Eltern mit Zeit nach oder wir lehnen ihn ab, was auch auf alle anderen Lernprozesse zutrifft. Einige Menschen scheinen, zusätzlich zu der frühkindlichen Reaktion auf ihre Umgebung, bei ihrer Geburt ihre eigenen Gewohnheiten mitzubringen, während andere eher die familiären Charakterzüge geerbt haben. Ein Familienmitglied kann also eine durchaus andere Einstellung zur Zeit haben als alle anderen.

In einer Familie zum Beispiel, in der alle Mitglieder pünktlich sind, hat vielleicht eines von frühester Kindheit an überhaupt keinen Sinn für Zeit und ist immer unpünktlich, oder umgekehrt ist eines immer pünktlich, während der Rest der Familie stets unpünktlich ist. Diese beiden Varianten sind aber nicht so häufig wie die der frühkindlichen Konditionierung durch die Familie.

Ist der Familienvater ein Pedant und verlangt von jedem Pünktlichkeit, werden vielleicht einige Kinder seinem Beispiel folgen und immer pünktlich sein. Ist er aber zu starr und diktatorisch, werden die unabhängigeren Geschwister gegen seine unnachgiebige Einstellung rebellieren und absichtlich seine Autorität unterlaufen, indem sie stets versuchen, unpünktlich zu sein und ihn warten lassen. Keine dieser beiden Reaktionen ist richtig. Es wäre deshalb sinnvoll, die Fesseln zu den angenommenen Angewohnheiten zu durchtrennen und sich von ihrer Kontrolle zu befreien. Erst dann kann die einzig wahre Lösung angegangen werden, nämlich, sich des inneren Zeitgefühls bewusst zu werden.

Sai Baba erwähnte einmal das innere Zeitgefühl, als mein Ehemann und ich in Whitefield auf ihn warteten. Als er an mir vorüberging, drehte er sich schnell zu mir um und deutete auf meine Armbanduhr, die keine Zahlen auf dem Zifferblatt hatte. Erfreut sagte er: »Ich bin sehr glücklich, sehr glücklich. Die innere Zeit, nicht die äußere Zeit.« Ich nahm an, dass wir uns nach innen wenden sollten, damit das Höhere Bewusstsein uns zur rechten Zeit an den rechten Platz führen kann.

Ich erinnere mich an ein Lied aus »My Fair Lady«, in dem der Brautvater, der befürchtete, zu spät zu der Trauung zu kommen, sein Lied folgendermaßen beendete: »Lass mich rechtzeitig zur Kirche kommen.« Dieses Liedchen singe ich immer, wenn ich im Stau stehe und nicht weiß, ob ich die Verabredung einhalten kann. Ich benutze dann nicht das Wort Kirche, sondern nenne den Ort, den ich erreichen will. Oft bin ich erstaunt, wie gut das funktioniert, vielleicht auch deswegen, weil ich dann entspannter bin.

Wenden wir uns bewusst nach innen und bitten das Höhere Bewusstsein, uns in allen Aspekten unseres Lebens zu leiten, wird alles an seinen Platz fallen. Wir werden innerlich gelassen am rechten Ort zur rechten Zeit sein, da unser Wille nicht am Resultat beteiligt ist.

Ich war sehr beeindruckt, als ich in einem Wachtraum feststellte, dass wir durch unsere Unpünktlichkeit die Zeit des Menschen stehlen, der auf uns wartet. Wer auch immer auf uns warten mag, sei es ein Freund oder ein Geschäftspartner, er könnte diese Zeit produktiver nutzen. Wir stehlen ihm also diese Möglichkeit. Es gibt selbstverständlich auch Situationen, die wir nicht beeinflussen können. Wir können im Stau stehen, ein Bus, Zug oder Flugzeug könnte Verspätung haben und dann werden auch wir der Möglichkeit beraubt, diese Zeit nutzbringender anzuwenden. Solche Situationen sind aber nicht typisch und da sie außerhalb unserer Kontrolle liegen, können wir für die Verspätung auch nicht verantwortlich gemacht werden. Es dreht sich hier um die tägliche Pünktlichkeit. Da unsere Gewohnheiten oft im frühkindlichen Alter geprägt wurden, müssen wir ein geeignetes Symbol für sie finden. Dieses Symbol wird dann in den gegenüberliegenden Kreis der Acht gelegt, um so die Loslösung von einer Gewohnheit vorzubereiten, die uns beherrscht.

Unpünktlichkeit ist nur ein Aspekt des Umgangs mit der Zeit. Es gibt auch Menschen, die immer zu früh kommen. Sie kalkulieren die doppelte Zeit ein, um rechtzeitig zu einer Verabredung zu kommen, und müssen dann warten, wenn die Gegenseite noch nicht da ist oder sich sogar verspätet hat.

Diese beiden Extreme verhindern ein natürliches Fließen der Zeit und frustrieren alle Beteiligten. Einige Menschen versuchen die Zeit zu betrügen und nehmen sich für eine kurze Zeitspanne viel zu viel vor.

Diese Angewohnheit lässt sie immer wieder unpünktlich sein, sie fühlen sich ständig in Eile und sind niemals entspannt. Sie glauben, wenn sie in möglichst kurzer Zeit möglichst viel erledigen, die »Zeit besiegen« zu können. Viele Autounfälle oder Strafzettel für Geschwindigkeitsübertretung sind die Folge. Wir können weder mit der Zeit konkurrieren noch sie besiegen. Wir können dagegen versuchen, mit ihr zu fließen, und das Höhere Bewusstsein bitten, uns zu helfen, stets am rechten Ort zur rechten Zeit zu sein. Nur so können wir das erledigen, was Es für den jeweiligen Zeitpunkt ausersehen hat.

Je sturer die Eltern auf Pünktlichkeit bestehen, umso extremer werden die Kinder darauf reagieren. Wachsen dagegen die Kinder in einer entspannten Atmosphäre auf und lernen vom Beispiel ihrer Eltern, werden sie unweigerlich eine gelassene Einstellung zur Zeit entwickeln – weder zu lasch noch zu starr.

Arbeitsatmosphäre

In den letzten Jahren hat sich die Arbeitsmoral weltweit sehr verändert. Der Dienst an der Gemeinschaft als Motiv der Arbeit geht immer mehr verloren. Stattdessen heißt die Einstellung in vielen Arbeitsbereichen »Jeder für sich allein«. Was nützt mir? Wie kann ich mit möglichst wenig Arbeit möglichst viel verdienen? Dies scheint die allgemeine Antwort auf die Frage nach der Berufswahl zu sein. Viele Menschen, besonders aber junge Erwachsene, scheinen der Meinung zu sein, dass die Welt ihnen einen Lebensunterhalt schuldet und dass sie nicht die Verantwortung für sich selbst zu übernehmen brauchen.

Immer häufiger werden Klagen über die Arbeitsqualität und die Einstellung zur Arbeit laut. Diese missverstandene Arbeitsmoral ist in sehr vielen Ländern zu beobachten, besonders aber in Amerika. Da Menschen auf der ganzen Welt alles Amerikanische nachzuahmen versuchen, ob es nun bewundernswert ist oder nicht, wird dieses Problem nur noch weiter verbreitet. Widersetzt sich aber ein Jugendlicher diesem allgemeinen Trend, wird er von seinen Gleichaltrigen ausgestoßen und nur wenige junge Menschen können damit umgehen.

Diese Einstellung zur Arbeit gründet auf der Gedankenform, die durch Gier erzeugt und aufrechterhalten wird. Gier zeigt seine hässliche Fratze auf allen Gebieten, sowohl auf persönlicher als auch auf öffentlicher Ebene, wie in Handel, Politik, Medizin, Religion, Erziehung, Kommunikation und in den Medien, den Künsten, der Nahrungsmittelindustrie und den dazugehörenden Bereichen, in der Modebranche und auf vielen anderen Gebieten. Gier gleicht einem Virus, der alle Menschen auf der Welt infiziert hat. Kinder, die in einer solchen Atmosphäre aufwachsen, stecken sich bereits in sehr jungen Jahren an, wenn sie das Verhalten ihrer Eltern beobachten und nachahmen.

Gier verursacht Energieblockaden. Alles hat seinen natürlichen Rhythmus und wird dieser Rhythmus gestört, wird auch der natürliche Fluss der

Energie blockiert. Das wiederum verursacht Stagnation. Gier veranlasst manche Menschen, mehr haben zu wollen, als sie tatsächlich brauchen. Sie halten daran fest und weigern sich, es loszulassen. Dieses Festhalten verursacht viele negative Befindlichkeiten, seien sie körperlicher, geistiger oder emotionaler Art.

Gier am Arbeitsplatz hat epidemische Ausmaße angenommen und ist der direkte Grund für grenzenloses Leiden. Aggressive, selbstsüchtige Arbeitnehmer verdrängen auf ihrem Weg nach oben diejenigen, die weniger selbstsüchtig sind. Dies wiederum frustriert die Menschen, die versuchen, nach einem selbstloseren Vorbild zu leben, und sie fragen sich dann, ob ihre Einstellung zur Arbeit, die sie als Dienst verstehen, überhaupt lohnend und richtig ist, wenn sie so wenig geschätzt wird. Die Aggressiven, Selbstsüchtigen sind nach außen hin erfolgreich, die Einsatzfreudigen dagegen die Verlierer. Falls sich diese vorherrschende Gesinnung nicht ändert, wird die eskalierende Gier das System, das heute unseren Lebensstil garantiert, kollabieren.

Was können wir als Individuen dagegen tun? Wir können unsere eigene Einstellung hinterfragen, um festzustellen, wie wir zu ihr kamen und wo sie ihren Ursprung hatte. Welches Verhältnis hatte unsere Familie zur Arbeit? Wurden wir ermutigt, stets im Beruf unser Bestes zu geben? Wurde uns Arbeit als notwendiges Übel dargestellt? War ein Elternteil ein Workaholic? Betrachtete ein Elternteil seine Arbeit als unter seiner Würde? Musste ein Elternteil auswärts arbeiten, so dass wir Arbeit als Feind betrachteten, der uns dessen Aufmerksamkeit und Liebe entzog? Es gibt viele verschiedene Verhaltensmuster, die wir alle auf unbewusster Ebene übernommen haben und die unsere Gesinnung im erwachsenen Alter prägen. Sobald wir die als Kind empfangene Botschaft genau identifiziert haben, können wir ein Symbol dafür finden und die Übung mit der Acht (S. 100) mindestens drei bis vier Wochen lang praktizieren. Danach kann der Kreis, der das Symbol enthält, vom eigenen Kreis getrennt und das Symbol zerstört werden. Erst wenn wir uns von dieser in unserer Kindheit entstandenen Einstellung befreit haben, können wir uns entscheiden, wie wir uns richtig zu verhalten haben.

Gesundheit und Krankheit

Viele Menschen haben auf unbewusster Ebene verschiedene Vorstellungen über Gesundheit und Krankheit angenommen, die häufig im überlieferten Aberglauben ihren Ursprung haben oder in nicht mehr adäquaten Ammenmärchen weitergereicht wurden. Sie können einen starken Einfluss auf die Familienmitglieder ausüben, wenn sie mit einengenden Mustern verbunden, also als Mittel der Einschüchterung oder gar Drohung benutzt werden.

Ich erinnere mich an eine Frau, der in ihrer Kindheit ständig vorgehalten wurde, dass ihre Mutter einen Herzinfarkt oder einen Schlaganfall erleiden würde, falls sie ihr nicht gehorchte. Da diese Behauptung nicht glaubhaft widerlegt werden konnte, lebte sie in ständiger Angst, durch ihren Ungehorsam den Tod ihrer Mutter zu verursachen, und erfüllte ihr infolgedessen jeden Wunsch. Diese absolute Kontrolle durch die Mutter hemmte das Kind in seiner Entwicklung und verhinderte, dass es auch nur irgendeinen Bereich seines Selbst frei ausleben konnte. Diese Konditionierung reichte bis ins Erwachsenenalter hinein und lähmte sie derart, dass sie Angst hatte, den Wünschen anderer nicht zu entsprechen, und so stets ihre eigenen Interessen unterdrückte.

Als diese Frau sich ihrer Programmierung bewusst wurde, hatte sie nicht nur die Fesseln zu ihrer Mutter zu lösen, sondern auch zu dieser negativen Konditionierung. Diese war derart tief eingeprägt, dass es sehr lange dauerte, bis sie lernte, den Wünschen anderer nicht mehr zu entsprechen. Diese Art von Kontrolle bewirkt eine völlig falsche Einstellung zur Krankheit, nicht nur zur eigenen, sondern auch zu der anderer Menschen.

Ein anderes Verhaltensmuster entsteht, wenn Eltern ihre Krankheit als Druckmittel benutzen oder als Ausrede, wenn sie etwas nicht getan haben, wozu sie keine Lust hatten. Da Kinder das Verhalten ihrer Eltern, Verwandten und Freunde entweder nachahmen oder sich dagegen auflehnen, werden sie diese Gewohnheit möglicherweise übernehmen und Krankheit vortäuschen, wenn sie sich etwas Unangenehmem gegenübersehen oder um etwas gebeten werden. Auch das ist eine Art Kontrolle.

Hypochondrische Eltern dagegen impfen ihren Kindern die Angst ein, krank zu werden. Sie vermitteln ihnen den Eindruck, dass die Welt ein sehr gefährlicher Ort ist, voller Bakterien und möglicher Katastrophen. Diese Kinder werden die Einstellung ihrer Eltern übernehmen, sie akzeptieren und an ihre eigenen Kinder weiterreichen.

Manche Menschen sind Gesundheitsapostel und unternehmen alles, um ihren Körper fit zu halten. Sie verbringen ungewöhnlich viel Zeit mit täglichem Fitnesstraining. Auch das kann zu einer Sucht werden. Ich traf eine Frau, die sich derart um ihr Gewicht sorgte, dass sie täglich viele Stunden Gymnastik machte und verzweifelte, wenn sie auch nur ein oder zwei Pfund zugenommen hatte. Gesundheit kann zum Fetisch erhoben werden und einen Menschen ebenso beherrschen wie Drogen oder irgendeine andere Sucht.

Es gibt auch Menschen, die glauben, ihre Krankheit sei eine Strafe Gottes. Sie vergessen, dass sie ihren Zustand zu irgendeinem früheren Zeitpunkt durch Worte, Gedanken oder Taten selbst verursacht haben und dass sie keinen anderen Menschen, schon gar nicht Gott, für ihr vergangenes Fehlverhalten beschuldigen können. Die gegenwärtige Krankheit kann sie darauf hinweisen, was sie bisher versäumt haben zu lernen.

Gebrechen, seien sie physischer, geistiger oder emotionaler Art, haben häufig ihren Ursprung in der Vergangenheit. Ich habe viele leidende Menschen gesehen, die hilflos ihren Krankheiten ausgeliefert waren. Ist keine sichtbare Ursache für eine Krankheit festzustellen, stellt sich manchmal heraus, dass die betroffene Person in der Vergangenheit äußerst herrschsüchtig war. Das Ergebnis vergangener Taten bedingt ihren gegenwärtigen Zustand absoluter, sogar körperlicher Hilflosigkeit.

Das Gleiche gilt für Menschen, die einem anderen hilflos ausgeliefert sind. Zweifellos übten sie früher Macht über andere Menschen aus.

Baba sagte mir einmal, ich müsse Geduld, Toleranz, Beständigkeit und Nachsicht lernen, um den früheren Mangel an diesen Qualitäten auszugleichen.

Der Bibelspruch »Auge um Auge, Zahn um Zahn« ist auf das Leben eines jeden Menschen anwendbar. Was auch immer wir einem anderen Menschen zu irgendeiner Zeit antun, werden wir, um menschlich zu reifen, irgendwann selbst erfahren.

Durch meine Arbeit habe ich gelernt, dass wir nicht der Körper sind, aber dass wir in einem Körper leben, genauso wie wir in einem Haus leben. Ja, wir müssen diesen Körper so sauber und gesund wie möglich erhalten, wir dürfen aber nicht sein Sklave werden. Nicht er darf uns kontrollieren, sondern wir ihn.

So erzählte mir beispielsweise ein Mann, dass ihm seine Eltern nur Aufmerksamkeit schenkten, wenn er sehr krank war. Nur dann zeigten sie echte Anteilnahme. Da sich jedes Kind nach der Liebe und Beachtung seiner Eltern sehnt, wird es oft zu extremen Mitteln greifen, um ihre Aufmerksamkeit auf sich zu lenken.

Dieser Mann wurde mit einer Asthmaanfälligkeit geboren und litt seit seiner Geburt daran. Seine Eltern hatten sich an seine Asthmaanfälle zwar gewöhnt, empfanden diese Unterbrechungen aber als sehr belastend. In der Zeit zwischen den Anfällen waren sie daher so erleichtert, dass sie ihren Sohn, der sie dann nicht zu brauchen schien, ignorierten. Sie wollten offensichtlich keine neuen Aufregungen schaffen. Er durchschaute schnell ihr Verhalten und wenn er sich nach ihrer Zuwendung sehnte, erzwang er einfach einen schweren Anfall. Er wusste, dass er damit ihre Aufmerksamkeit wieder auf sich zog.

Mit der Zeit bekam er die Asthmaanfälle, wann immer er sich verängstigt oder vernachlässigt fühlte, und mit dem Alter wurden diese immer häufiger. Als ich ihn bat, mir über die Einstellung seiner Familie zu Krankheiten etwas zu sagen, erstarrte er und erinnerte sich an kaum etwas. Ich schlug vor, dass er seine Verwandten befragen sollte, um so seine Erinnerung aufzufrischen. Er stellte fest, dass er unbewusst selbst seine Anfälle verursacht hatte. Seine Verwandten halfen ihm dann Schritt für Schritt, die Situation zu klären, die in seiner Kindheit den Ursprung hatte.

Ich sagte ihm, da er seine Anfälle nicht wissentlich ausgelöst habe, könne er sich auch bewusst wieder von ihnen trennen. Diese Aussage beeindruckte ihn und er arbeitete mit viel Freude mit dieser Methode. Zum ersten Mal wurde ihm Hoffnung gegeben und seitdem hat er mit Begeisterung die Verantwortung für seine Gesundheit selbst übernommen. Bereitwillig begann er daran zu arbeiten, praktizierte regelmäßig die Acht (S. 100) mit einem Symbol für das alte Verhaltensmuster im gegenüberliegenden Kreis. Das Symbol für seine Krankheit hatte er schnell gefunden. Es war ein Foto von ihm als kleiner Junge inmitten seiner Familie, auf dem er sehr traurig und einsam aussah.

Religiöse Atmosphäre

Das Thema Religion ist mit vielen Zwängen belastet. Religion kann einen enormen Einfluss auf Kinder ausüben, wenn sie den eher strikten Aspekten der verschiedenen Glaubensrichtungen ausgesetzt sind, denen ihre Eltern oder andere Familienmitglieder und Autoritätspersonen angehören.

Ich erinnere mich an einen jungen Mann, dessen Vater Pfarrer in einer Gemeindekirche war. Dieser Pfarrer ermahnte seinen Sohn und seine Tochter, sich stets tadellos zu verhalten, da sonst er und seine Position in der Gemeinde darunter zu leiden hätten. Ihnen wurde die Angst vor Gott eingeimpft und sie wuchsen in dem festen Glauben auf, dass Gott einem strafenden Vater glich, dem sie unter allen Umständen zu gehorchen und den sie sogar zu fürchten hätten, sollten sie vom engen vorgeschriebenen Pfad abweichen. Sie wussten, dass ihr Vater ein hohes Ansehen in der Gemeinde genoss und dass er als Beispiel eines guten Christen galt. Zu Hause jedoch erlebten sie ihren Vater als das genaue Gegenteil. Sie sahen, dass ihre Mutter oft in Tränen ausbrach, da sie offensichtlich vor seinen ärgerlichen Ausbrüchen, seiner scharfen Kritik und seinem Sarkasmus Angst hatte. Die Kinder wussten auch, dass der Vater sofort wütend wurde, wenn ihre Mutter es wagte, eigene Ideen oder Vorschläge zu machen, die nicht mit seinem strengen Verhaltenskodex übereinstimmten. Gott wurde den Kindern nicht nur als eine strenge und kritische Vaterfigur präsentiert, sondern ihr eigener Vater glich auch dem von ihm selbst entworfenen Gottesbild, das für ihn unumstößlich war. Verstört beobachteten die Kinder das völlig andere Verhalten ihres Vaters den Gemeindemitgliedern gegenüber, denen er wohlwollend begegnete. Sie wussten, dass er eine Maske der scheinheiligen Frömmigkeit überzog, wenn er in seinen Pfarrbezirk ging. Wie aber war er wirklich? War er der, mit dem sie lebten, oder der, den sie in der Gemeinde erlebten? Die private Persönlichkeit ihres Vaters unterschied sich stark von der öffentlichen.

Manche Menschen wachsen in einer Familie auf, in der ein Elternteil oder beide bekennende Agnostiker oder sogar Atheisten sind. In einem solchen Fall haben die Kinder wenig Gelegenheit, an eine Macht über der rein menschlichen zu glauben, die ihre Eltern verkörpern. Manche Kinder werden dem Beispiel der Eltern folgen, während andere vielleicht eine Leere empfinden und daher versuchen werden, verschiedene religiöse Richtungen zu erforschen.

In anderen Elternhäusern ist vielleicht ein Elternteil streng gläubig und der andere nicht. Diese widersprüchliche Botschaft verwirrt Kinder. Manche werden dem Beispiel des einen Elternteils folgen und manche dem des anderen, möglicherweise aber werden sie zwischen Glaube und Unglaube hin- und herschwanken. Auch reagieren Kinder auf die dadurch hervorgerufenen Meinungsverschiedenheiten ihrer Eltern; es sollte auf jeden Fall vermieden werden, dass Kinder Religion mit Streit in Verbindung bringen.

Dann gibt es den religiösen Fanatiker, der seine Kinder zwingt, den strengen Kodex zu übernehmen, für den er/sie sich entschlossen hat. Kinder, die in diesem Geist erzogen werden, werden eventuell gegen alle aufgezwungenen Regeln rebellieren und sich gegen jede Art von Glauben wenden. Da die Verhältnisse in jeder Familie anders sind, sollten wir auf unsere Kindheit zurückschauen, um herauszufinden, welche Atmosphäre sich um dieses Thema gebildet und wie sich daraus unsere Einstellung zur Religion entwickelt hat.

Ich arbeitete mit einer Familie, in der beide Eltern einen jüdischen Hintergrund hatten. Der Vater war in Polen geboren, die Mutter in Amerika. Der Vater lief mit zwölf Jahren von zu Hause weg, als er erfuhr, dass er mit anderen Jungen seines Alters in die Armee eingezogen werden sollte. Er wusste, was es bedeutet, ein Jude zu sein, und obwohl er auch wusste, dass er als Erstgeborener dazu bestimmt war, die ererbte Rolle als Lehrer in der Synagoge zu übernehmen, wandte er sich von seinem jüdischen Erbe ab und verließ sein Land als blinder Passagier auf einem Schiff nach Amerika. Seitdem war er konfessionslos, heiratete, bekam drei Kinder und führte ein erfolgreiches und gesellschaftlich anerkanntes Leben. Seine Kinder wuchsen in dieser Atmosphäre auf, obwohl ihre Mutter sie anhielt, mit ihr die Synagoge zu besuchen, da sie dem Beispiel ihrer Eltern folgte und treu an ihrem ererbten Glauben festhielt.

Plötzlich entdeckte der Vater Mary Baker Eddy, konvertierte zur Christian-Science-Sekte, studierte das geschriebene Wort und folgte ihren Lehren. Die Kinder waren entsetzt, denn das Familienleben veränderte sich schlagartig. Ein geselliger und materialistisch eingestellter Vater, der den Luxus liebte und auch seine Familie zu einem Leben in Luxus ermutigte, veränderte sich plötzlich in das genaue Gegenteil und erwartete diese Kehrtwende auch von seiner Familie. In ihren Augen hatte die Religion nicht nur ihr Leben, sondern auch ihren Vater verändert und sie machten sie für diesen plötzlichen Wandel verantwortlich. Wurden sie krank, durften sie keinen Arzt aufsuchen. Stattdessen wurde ein Mitglied der Christian-Science-Sekte gerufen, um sie zu behandeln. Der Billardtisch wurde in den Keller gestellt und nie mehr benutzt. Das Leben wurde grau, ernst und freudlos. Die Kinder wandten sich infolgedessen von jeglichem religiösen Glauben ab und erzogen ihre eigenen Kinder dementsprechend.

In anderen Familien wiederum haben die Eltern einen unterschiedlichen religiösen und nationalen Hintergrund. Wenn zwei Menschen beschließen, zu heiraten oder zusammenzuleben, ist es schon schwer, sich gegenseitig anzupassen. Scheinen aber die Unterschiede des familiären Hintergrundes unüberwindbar zu sein, fällt die Anpassung noch viel schwerer und endet meist in Streitereien.

Die Kinder, die aus solchen Mischehen stammen, werden wieder mit anderen Problemen konfrontiert, besonders dann, wenn sie eingeschult werden und mit Kindern zusammentreffen, die einem anderen Hintergrund entstammen. Oft begegnen sich noch dazu die einzelnen Mitglieder der beiden Familien feindselig, denn jede Familie hat entsprechend ihres Erbes eine andere persönliche Lebenseinstellung. Da die religiösen Lehren gewöhnlich auch die Lebensführung von Familien vorschreiben, werden Kinder bereits in jungen Jahren von der Religion ihrer Eltern geprägt und auch ihre eigenen Kinder in diesem Sinn erziehen.

Da die frühkindliche Konditionierung auf unbewusster Ebene stattfindet, werden Kinder entweder dem Diktat der elterlichen Glaubensrichtung folgen oder sich dagegen auflehnen.

Als Erstes sollten wir uns daher über das wie auch immer geartete familiäre Klima bewusst werden, um festzustellen, welches Verhaltensmuster sich daraus entwickelt hat. Dann sollten wir ein Symbol für dieses Verhalten finden, es in den gegenüberliegenden Kreis der Acht (S. 100) legen und mindestend drei bis vier Wochen lang visualisieren. Dann kann das Symbol vernichtet werden. Haben wir die beiden Kreise durchtrennt und uns so von dem alten Verhaltensmuster gelöst, werden wir auch nicht länger von ihm beherrscht werden.

Erst jetzt können wir unseren Glauben selbst bestimmen und ihn in unser tägliches Leben integrieren. Wir übernehmen so die Verantwortung für unsere persönliche Lebensführung und werden nicht mehr von dem Glauben anderer bestimmt. Wenn wir automatisch eine Glaubensrichtung annehmen – oder ablehnen – , können wir selbst keinen spirituellen Mittelpunkt finden, der unserem Herzen entspringt. Darauf sollten wir auch achten, wenn wir unsere Flickendecke betrachten.

Sexuelles Verhalten

Das Thema Sexualität wird in verschiedenen Kulturen sehr unterschiedlich behandelt. In manchen Ländern wird offen über Sex und seine Praktiken gesprochen. Junge Leute wachsen dort ohne sexuelle Tabus auf und betrachten Sex als einen Teil des Lebens, wenn auch nicht den wichtigsten, wie das oft der Fall ist, wenn er wie ein Geheimnis gehütet wird. In vielen anderen Ländern hingegen wird das Thema überhaupt nicht erwähnt, was besonders junge Leute irritiert. Ausgerechnet in Indien, wo die Bücher über Kamasutra und Tantra-Yoga geschrieben wurden, gilt es als unschicklich, über Sex zu sprechen oder auch nur die Sexualorgane zu erwähnen. Einen Gegensatz dazu stellt die Tradition auf manchen Südseeinseln dar: Die Kinder wohnen in der Pubertät für eine bestimmte Zeit von ihrem Elternhaus getrennt in Gemeinschaftshäusern: einem für Jungen und einem für Mädchen. Die weisen Männer und Frauen des Stammes führen sie dort in die seit Generationen überlieferten Pflichten und Gebräuche des Stammes ein. Diese Unterweisungen schließen auch Sex und Partnerwahl ein.

Wird das Sexualleben geheim gehalten, sprießen verdrängte Phantasien und brechen oft zwanghaft hervor, wenn sie, besonders durch die Medien, wachgerüttelt und stimuliert werden. Das Pendel hat in vielen Teilen der Welt, auch in Amerika, in die andere Richtung ausgeschlagen, was zur Folge hat, dass Sexualität überbewertet wird. Jedermann kann sich im Fernsehen und im Kino, seit neuestem auch im Internet, die verschiedensten Sexpraktiken anschauen. Selbst kleine Kinder werden bereits visuell mit diesen Dingen konfrontiert. Da sie sie jedoch nicht verstehen, können sie sie auch nicht verarbeiten. Solche Informationen setzen sich im Unbewussten fest und können später im Leben hervorbrechen und schwerwiegende und oft äußerst peinliche Probleme verursachen. Zusätzlich zu diesen eher allgemeinen Einflüssen prägt die elterliche Einstellung zu Sex und ihr Umgang damit das Verhalten der Kinder sehr. Kinder haben ein feines Gespür für die Diskrepanz zwischen dem, was ihre Eltern sagen, und dem, was sie tun. Das bezieht sich selbstverständlich auch auf viele andere Themen, aber ganz besonders auf Sexualität. So zum Beispiel, wenn die Eltern ihren Kindern vermitteln, dass außerehelicher Verkehr tabu ist, und sie spüren dennoch, dass ihr Verhalten diese Anweisung Lügen straft. Die Kinder erhalten eine unklare Botschaft. Ist ein Elternteil andererseits sehr puritanisch eingestellt und erlässt strikte Regeln, kann das bei den Kindern zu Rebellion und Missachtung dieser Regeln führen.

Da wir unsere Eltern weder ändern noch belehren können, müssen wir ein Symbol finden, das deren Einstellung zur Sexualität wiedergibt, um uns von der uns übergestülpten elterlichen Einstellung zu befreien. Nur so können wir herausfinden, was für uns richtig ist.

Das Thema Inzest und Vergewaltigung muss ebenfalls angesprochen werden. Sexueller Missbrauch ist weitaus verbreiteter, als bisher angenommen wurde, da er in den meisten Kulturen im Dunkeln bleibt. Kinder, die in irgendeiner Form von einem Elternteil, von Geschwistern, nahen Verwandten, einem Geistlichen, Priester oder Lehrer sexuell missbraucht wurden, werden gewöhnlich von ihrem Peiniger bedroht. Sie fürchten sich vor Strafen, falls sie sich irgendeinem Menschen anvertrauen. Wegen dieser Drohungen bleiben Vergewaltigungen meist geheim. Da dieses Problem zum Glück immer häufiger bloßgelegt wird, kann es auch offen behandelt werden. Inzest hat auf ein Kind eine verheerende Wirkung, denn es fühlt sich würdelos und befleckt und aus diesem Gefühl heraus entstehen im späteren Leben viele verschiedene Probleme, besonders bei Freundschaften und bei der Partnerwahl.

Leider ist eine gesunde oder vernünftige und brauchbare Einstellung zur Sexualität sehr selten, denn alle diesbezüglichen Informationen wurden von Generation zu Generation weitergereicht. Es ist daher unbedingt notwendig, die Fesseln zu der wie auch immer gearteten und ererbten elterlichen sexuellen Einstellung zu durchtrennen, von der auch wir, ihre Kinder, geprägt wurden. Durch die entsprechende Übung können wir unsere persönliche Einstellung zu Sex finden, die nicht unbedingt mit der elterlichen übereinstimmen muss. Öffnen wir uns unserer eigenen Sexualität, müssen unsere Eltern nicht unbedingt diesen Lebensstil billigen.

In diesem Fall reicht es nicht, nur die Fesseln zu den Eltern zu durchtrennen, denn falls uns die Atmosphäre, die das Thema Sexualität umgibt, stark geprägt hat, muss auch die entsprechende Gedankenform gelöscht werden. Dies trifft besonders auf Inzest zu, der dazu führt, dass das Kind Sex mit Angst und Schuldgefühlen verbindet und oft die Selbstachtung verliert.

Du kannst dich von dieser dich beherrschenden familiären Einstellung befreien, wenn du das entsprechende Symbol dafür findest, dir die Acht damit mindestens drei bis vier Wochen lang visualisierst, die Ablösung vollziehst und dann das Symbol vernichtest. Erst dann wirst du deine persönliche Einstellung zur Sexualität finden.

Rollenverhalten in Ehe und Partnerschaft

Die Überlieferungen, die das Rollenverhalten von Mann und Frau festlegen, bestimmen auch zu einem großen Teil die zukünftige Einstellung des heranwachsenden Kindes. Einige dieser Traditionen sind noch gültig, andere wiederum sind veraltet, denn die Welt hat sich in relativ kurzer Zeit dramatisch verändert. Entsprechend dieser veränderten Familienstruktur sollte auch das Verhältnis zwischen Mann und Frau auf allen Gebieten des täglichen Lebens neu überdacht und angepasst werden, und zwar auf privater wie auf gesellschaftlicher und öffentlicher Ebene.

Viele Menschen beiderseitigen Geschlechtes sind in dem Glauben erzogen worden, dass Frauen nicht studieren sollten und falls sie doch eine Hochschule besuchen, dann nur, um einen Ehemann zu finden, der sie und die zukünftigen Kinder ernähren soll. Diese Denkweise ist so tief verwurzelt, dass sich viele Frauen wie gelähmt fühlen, ohne sich der Folgen dieser Denkweise auf ihr Leben bewusst zu sein. Sie haben dieses Traditionsdenken so tief in sich aufgenommen, dass es zu einem Teil ihres Lebens geworden ist. Mit anderen Worten, diese Überlieferungen können oft so mächtig sein, dass sie die Familienmitglieder beherrschen, die zu dogmatisch an ihnen festhalten.

Männer wurden auf ähnliche Weise programmiert, was zur Folge hat, dass sie ihren Frauen verbieten, einer Arbeit außerhalb des Hauses nachzugehen, oder sich brüskiert fühlen, wenn diese arbeiten. Es gibt ihnen das Gefühl, ihre Familie nicht ernähren zu können und auf die finanzielle Unterstützung ihrer Frau angewiesen zu sein.

Ehe nicht diese veralteten Verhaltensmuster abgelegt werden, bleiben beide Partner in ihrer Rolle gefangen und haben nicht die Möglichkeit, ihr jeweiliges Potential zu entwickeln. Diese alten Denkweisen verursachen bei Frauen vor allem dann Unzufriedenheit, wenn ihre Lebensumstände zur Arbeit außerhalb des Hauses zwingen, obwohl ihnen vermittelt wurde, ihre eigentliche Rolle sei die der Hausfrau und Mutter.

Erst kürzlich habe ich von einem anderen Verhaltensmuster erfahren. Ein Ehepaar vertauschte das allgemeine Rollenverhalten von Mann und Frau. Die Frau war der Ernährer und verdiente den Unterhalt für die Familie, während der Ehemann auf Haus und Kinder aufpasste; er kaufte ein, kochte und putzte. Als ich mich nach ihrer Kindheit und dem familiären Hintergrund erkundigte, wurde die Ursache für das vertauschte Rollenverhalten ersichtlich. Der Ehemann wuchs in einer Familie auf, in der der Vater starb, als er und sein Bruder noch klein waren. Ihre Mutter musste also Geld verdienen und sich um den Haushalt kümmern. Sie hatte sich diese doppelte Belastung nicht ausgesucht, sondern der Tod ihres Ehemannes zwang sie dazu.

Ihre beiden Söhne reagierten völlig unterschiedlich auf diese Situation. Der eine heiratete eine sehr tüchtige Frau, die erfolgreich ihr eigenes Unternehmen leitete und nur am Wochenende und an Feiertagen heimkam. Sie hatten zwei Kinder und nach der Geburt eines jeden Kindes blieb sie für eine kurze Zeit zu Hause und leitete von dort ihr Unternehmen weiter. Der Mann kümmerte sich dagegen um Haus, Garten und Kinder, obwohl auch er seiner Arbeit nachging, die er aber von zu Hause aus erledigen konnte.

Der Bruder reagierte als Kind einer allein erziehenden Mutter ganz anders. Auch er heiratete und wurde Vater von zwei Kindern. Im Gegensatz zu seinem Bruder verbot er aber seiner Frau, zu arbeiten. Er blieb unerbittlich, obwohl seine Frau einen Hochschulabschluss hatte und sehr unglücklich war, dass sie ihre vor der Heirat begonnene Karriere nicht fortsetzen durfte. Ganz offensichtlich rebellierte dieser Sohn gegen die familiären Verhältnisse, denen er als Kind einer allein erziehenden Mutter ausgesetzt war, und wollte, dass seine Kinder die ungeteilte Aufmerksamkeit ihrer Mutter erhielten, nach der er sich als Kind immer gesehnt hatte.

Jeder der Brüder kritisierte den Lebensstil des anderen, sie sahen aber nicht, dass sie beide auf die in ihrem Elternhaus vorherrschenden Verhältnisse reagierten, nur auf entgegengesetzte Weise. Weder die eine noch die andere Reaktion ist richtig oder falsch; sie sind nur einfach verschieden. Beide waren in der von ihnen selbst gewählten Rolle gefangen, als sie unbewusst auf das Familienmuster reagierten. Sie fühlten sich nicht nur durch den Tod des Vaters benachteiligt, sondern auch durch die Berufstätigkeit ihrer Mutter, denn sie konnte den Söhnen nicht die Aufmerksamkeit schenken, die sie brauchten.

Ein anderes für Kinder schädliches Familienmuster betrifft eine Familie mit zwei Kindern. Der Vater arbeitete auswärts, verdiente aber nicht genügend Geld, um die ständig wachsenden Ausgaben der Familie bezahlen zu können. Die Mutter nahm gegen ihren Willen eine Arbeit an, um das Einkommen aufzubessern. Ständig beschwerte sie sich, nicht genügend Zeit für ihre Kinder zu haben, und machte ihre Berufstätigkeit dafür verantwortlich. In den Augen der Kinder war die Arbeit ein Dieb, der ihnen die ersehnte Aufmerksamkeit der Mutter stahl. Folglich entwickelten sie die Einstellung, dass Arbeit eine üble Notwendigkeit sei. Gleichzeitig aber bemerkten sie, dass ihrer Mutter die berufliche Anerkennung und der Erfolg gut bekamen und so interessierten sie sich nur für das Ansehen und den finanziellen Gewinn der Arbeit, anstatt sie als Dienst zu betrachten. Arbeit war in ihren Augen ein notwendiges Übel, das nur durch großes Lob für die erbrachte Leistung aufgewogen wurde und auch die Bezahlung spielte eine wichtige Rolle. Solche konfusen Botschaften irritieren Kinder, die ihre eigene zukünftige Einstellung zur Arbeit definieren müssen. Diese Verwirrung hält so lange an, bis sie sich von ihrer ursprünglichen, kindlichen Programmierung lösen.

Im Hinblick auf die Flickendecke bieten diese Rollen die Möglichkeit, den so notwendigen Lernprozess einzuleiten. Dies wirft die ewig alte Frage nach dem traditionellen Rollenverhalten von Mann und Frau auf, und zwar sowohl zu Hause, in der Gesellschaft als auch am Arbeitsplatz. Die althergebrachte Ansicht, dass Männer den Frauen in jeder Hinsicht überlegen sind, hat sich als falsch erwiesen. Viele Frauen üben äußerst erfolgreich Berufe aus, die traditionell Männern vorbehalten waren. Die seit langem vorherrschende männliche Dominanz scheint sich dem Ende zuzuneigen, da viele Frauen heute gemeinsam mit Männern recht einträglichen Beschäftigungen nachgehen, die früher reine Männerdomänen waren.

Wir sollten stets daran denken, dass wir auf der Ebene des Höheren Bewusstseins alle den gleichen Wert haben, das bedeutet aber auch, dass wir nicht nur darüber reden, sondern auch danach handeln sollten. Unsere Taten sollten dieses Konzept unterstützen.

Jeder Partner trägt als Individuum gewisse Fähigkeiten zur Partnerschaft bei, falls ihm der andere gestattet, sie auch frei und ungezwungen einsetzen zu können. Der Ehemann hat mit seinen Ansichten und Präferenzen nicht unbedingt immer Recht, aber seine Frau auch nicht. Nur wenn beide sich der Führung des Höheren Bewusstseins anvertrauen, besteht die Hoffnung, dass sie ihre Meinungsverschiedenheiten und Schwierigkeiten überwinden, um in Harmonie und gegenseitigem Respekt zusammenzuleben.

Kinder einer harmonischen Partnerschaft haben großes Glück, denn sie erfahren ein positives Beispiel für ihr zukünftiges Rollenverhalten. Das veränderte Rollenverhalten bedarf jedoch einer besseren Kommunikation zwischen den Paaren. Daran fehlt es bedauernswerterweise nicht nur in der Welt, sondern auch zwischen den Geschlechtern. Beide Partner müssen lernen zuzuhören, sollten nicht sofort zu reden beginnen und sich auch vom anderen unterbrechen lassen, wenn er dem Gespräch etwas Wesentliches beisteuern möchte. Kinder lernen durch Nachahmen des elterlichen Beispiels und wachsen mit der gleichen Gesinnung auf.

Neue Denkmodelle, die unserer heutigen Zeit mehr entsprechen, sollten Unstimmigkeiten und Spannungen zwischen den Partnern vermeiden helfen. Dazu müssen jedoch zuerst die Fesseln zu den alten Denkweisen durchtrennt werden. Wurden diese Fesseln mit Hilfe der Acht gelöst (S. 100), sollte unbedingt die Übung mit dem Maibaum (S. 20 und S. 129) ausgeführt werden, damit jeder Partner seine persönliche Meinung aufgeben und die Führung des Höheren Bewusstseins suchen kann. Nur so kann Harmonie bewahrt werden und die beiden Egos streiten nicht länger um die Macht, entweder über die Situation oder den Partner.

Nur wenn zwei Menschen bereit sind, ihre persönlichen Meinungen oder Wünsche aufzugeben, und die Führung des Höheren Bewusstseins suchen, kann Harmonie aufrechterhalten werden. Wenn eine Familie bereit ist, die Übung mit dem Maibaum regelmäßig durchzuführen und jedes Mitglied die Führung des Höheren Bewusstseins sucht, wird das Leben einfacher und es werden weniger Machtkämpfe und Manipulationsversuche innerhalb der Familie stattfinden.

Der Familienmaibaum ist ein ausgezeichnetes Mittel, um alle Familienmitglieder oder eine Gruppe von Menschen mit dem gemeinsamen

Höheren Bewusstsein zu verbinden. Das Bewusstsein jedes Einzelnen wird durch diese Übung erweitert und jeder vertraut sich der Führung des Höheren Bewusstseins an, anstatt dem Ego der anderen Gruppenmitglieder. Wende die Übung mit dem Maibaum (S. 20) mit nachfolgender Variante an, um die Familie zu heilen.

Der Familienmaibaum

Stelle dir einen Maibaum in der Mitte des Zimmers vor, von dessen Spitze viele bunte Bänder herabhängen. Die Spitze des Maibaumes stellt für jede Person das Höhere Bewusstsein dar.
Stelle dir vor, du gehst zu dem Maibaum und suchst dir ein Band mit der Farbe aus, die dir gefällt. Du gehst mit dem Band in der Hand zurück auf deinen Platz und bist jetzt durch das Band mit dem Höheren Bewusstsein verbunden. Wenn du willst, kannst du um ein Symbol für das Höhere Bewusstsein an der Spitze des Maibaums bitten, damit Es dir wirklicher erscheint.
Beobachte jetzt, wie jedes einzelne Gruppenmitglied mit den anderen im Raum mit Hilfe seines Bandes ein Dreieck bildet. Das Band gleicht einer Telefonverbindung zwischen einer anderen Person und dem Höheren Bewusstsein.
Bitte das Höhere Bewusstsein, dir durch dein Band all das zu schicken, was du benötigst und auch bereit bist, anzunehmen. Lege deine Handflächen offen wie eine kleine Schüssel in deinen Schoß und sei bereit, zu empfangen, was auch immer dir gegeben wird. Atme ein, was dir gegeben wird, und danke dem Höheren Bewusstsein für die Antwort auf deine Frage. Atme alle Zweifel aus, die deine Aufnahmefähigkeit blockieren könnten.

Wenn du zu den Glücklichen gehörst, die gemeinsam mit einer Familie oder einer Gruppe arbeiten können, eignet sich diese Übung auch als Gruppenmeditation, die viele Probleme und Meinungsverschiedenheiten in der Familie oder in der Gruppe lösen hilft.

Geburt

Das Thema Geburt ist mit viel Angst und Aberglauben beladen und beeinflusst Frauen, die ein Kind erwarten, sehr. Viele Ammenmärchen sind heute noch lebendig und ranken sich in vielen Kulturen um dieses Thema. Einige dieser Geschichten wurden von Generation zu Generation weitergereicht und werden immer noch geglaubt, obwohl sie für unsere heutige Zeit nicht mehr zutreffen.

Junge Mädchen wachsen in dem Glauben auf, dass die Geburt eines Kindes schmerzhaft zu sein hat und ihr Leben kosten kann, obwohl sie eine Erziehung genossen haben, die diesen Überlieferungen widerspricht. Das Unbewusste hat sie gespeichert und sie bleiben erhalten, bis sie gelöscht werden. Diese Angst begleitet viele Frauen die ganze Schwangerschaft hindurch und sie wundern sich, wenn das Kind auch unter Angst geboren wird. Diese drückt sich bei den Neugeborenen in Koliken, extremer Schüchternheit, starker Rebellion, langen Schreiphasen oder anderen Symptomen aus, unter denen die Eltern ebenfalls leiden.

Ein zusätzlicher Druck entsteht durch den dringenden Wunsch mancher Familien nach einem Stammhalter.

Viele Hebammen und Ärzte berichten, dass die Geburt sehr viel einfacher verläuft, nachdem sie die werdende Mutter durch den Ablösungsprozess von ihrer eigenen Mutter geführt haben. Wenn die werdende Mutter auch noch die Fesseln zu der familiären Einstellung oder Überlieferung löst, wird sie sich von jener negativen Gesinnung befreien, die diese eigentlich natürliche und beglückende Erfahrung belastet. Zum Glück gibt es heute sehr viel Informationsmaterial für junge Eltern, das ihnen hilft, der Geburt ihres Kindes positiv entgegenzusehen. Mit diesen Hilfsangeboten und der Möglichkeit, sich von veralteten Konzepten, Ängsten und Aberglauben zu lösen, kann die Geburt eines Kindes eine sehr glückliche Erfahrung sein.

Bei einer Geburt unter solchen Voraussetzungen wird die Mutter ihre Angst nicht auf das Kind übertragen. Es wird aus diesem Grund nicht nur glücklicher und gesünder, sondern auch leichter aufzuziehen sein. Das alte Gedankengut ist zwar in manchen Familien noch vorhanden, aber es dürfte immer weniger Einfluss haben, da die werdenden Eltern Vorbereitungskurse besuchen und sich mit den neuesten Methoden über Schwangerschaft und Geburt vertraut machen können. Eine weitere veraltete Ansicht ist, dass sich werdende Mütter in vieler Hinsicht zu schonen hätten, um den heranwachsenden Fötus zu schützen. Diese ganze Thematik ist sehr verunsichernd, da so viele sich widersprechende Verhaltensregeln existieren. Sie erzeugen nur Angst. Meine Mutter hatte mir zum Beispiel ständig die entsetzlichen Begleiterscheinungen meiner Geburt erzählt. Immer wieder hielt sie mir alle Einzelheiten der dreitägigen Wehen vor, die sie bis zu meiner Geburt erleiden musste, und schloss stets mit den Worten, dass diese sie fast das Leben gekostet hätte. Diese Leidensgeschichte hat mich nicht besonders ermutigt, selbst Kinder zu bekommen. Da ich aber ein Einzelkind war, sehnte ich mich nach Kindern und dieser Wunsch verdrängte vielleicht die Angst, die mir meine Mutter als Kind eingeredet hat.

Mein erstes Kind, eine Tochter, wurde auf konventionelle Weise geboren. Ich erhielt eine Narkose, damit die Wehenschmerzen gelindert würden. Dadurch verlor ich nicht nur mein Bewusstsein, als das Kind geboren wurde, sondern ich flüchtete auch buchstäblich vor den Schmerzen, die mir meine Mutter einprogrammiert hatte. Bei meiner zweiten Schwangerschaft entschloss ich mich, bei vollem Bewusstsein mein Kind begrüßen zu wollen. Ich bekam keine Medikamente und war eine der ersten, die ihr Kind nach der natürlichen Methode gebar, die damals gerade in Amerika eingeführt wurde. Mein Arzt zeigte mir, wie ich mich beim Einsetzen der Wehen durch tiefes Atmen entspannen könnte, um den Geburtsvorgang zu unterstützen. Als ich während der Wehen seinen Anweisungen folgte, entdeckte ich schnell, dass ich mit der einsetzenden Wehe arbeiten konnte anstatt gegen sie. Ich hatte zwar keine schmerzfreie Geburt, aber die Schmerzen hielten sich durchaus in Grenzen. Der glücklichste Aspekt für mich aber war, an dem Geburtsvorgang selbst mitgewirkt zu haben. Ich hatte mitgeholfen, meine Tochter auf so natürliche Weise wie möglich auf die

Welt zu bringen. Das größte Geschenk dabei war, zu erleben, wie meine Tochter zum Vorschein kam, noch ehe die Nabelschnur durchtrennt wurde.

Diese Erfahrung lehrte mich noch eine andere, unschätzbare Lektion, um mit dem täglichen Stress besser umgehen zu können. Ich entdeckte, dass Müdigkeit eng mit Widerstand verbunden ist. Wenn wir irgendeiner Sache zu widerstehen versuchen, verspannen und versteifen wir uns, was wiederum den Energiefluss im Körper blockiert. Dieser Mangel an Energie macht uns müde.

Elternschaft

Ich erinnere mich an den Spruch »Wer mit der Rute spart, verzieht das Kind«, den ich häufig hörte, als ich klein war. Damals schien diese Einstellung zu streng zu sein, seitdem aber ist das Pendel in das andere Extrem ausgeschlagen, von der äußerst strengen Disziplin meiner Jugend zu der allzu nachgiebigen Haltung, die gegenwärtig auf der ganzen Welt zu beobachten ist.

Wir sollten auf unsere Erziehung zurückblicken, um festzustellen, ob wir die frühere Erziehungsmethode wiederholen oder ob wir unsere eigenen Kinder entgegengesetzt zu dieser Methode erziehen.

Blicke ich zurück, so erinnere ich mich, dass meine strenge und dominante Mutter mich weder sehen, geschweige denn hören wollte. Ich wurde geschlagen, wenn ich auch nur ansatzweise wagte, mich zu behaupten, oder wissen wollte, was ich falsch gemacht hatte. Sie selbst war das elfte Kind einer Mutter, die aufgrund einer Scharlacherkrankung taub wurde. Die älteste Tochter musste ihre Rolle übernehmen und meine Mutter verübelte ihrer Schwester, dass sie die jüngeren Geschwister zu streng behandelte und unterdrückte. Meine Mutter hatte offensichtlich gegen diese repressive Behandlung heftig rebelliert und ihre Familie verlassen, sobald sie eine Anstellung gefunden hatte. Dies war zu der damaligen Zeit für eine Frau ihrer Herkunft ungewöhnlich. Mein Vater kam aus einer anderen Familienstruktur. Er hatte noch vier Geschwister und seine Eltern waren weitaus nachsichtiger. Da ich das einzige Kind war, rechtfertigte meine Mutter ihre strenge Erziehung damit, dass sie keine verhätschelte Brut aufziehen wollte, wie das oft bei Einzelkindern der Fall war. Ich bezweifele, ob sie sich jemals darüber im Klaren war, dass sie die ihr selbst zugefügte Behandlung durch ihre ältere Schwester wiederholte, nur noch unnachgiebiger und härter.

Mein Vater war das mittlere Kind von zwei Brüdern und zwei Schwestern. Sein Vater war Gutsbesitzer und hatte mehrere Güter zu verwalten.

Das Familienleben war geruhsamer als das vieler anderer Familien und die Kinder wurden weitaus nachsichtiger erzogen. Folglich hatte meine Mutter die größten Bedenken, dass mein Vater mich verwöhnen könnte, und sie tat alles in ihrer Macht Stehende, um das zu verhindern.

Als ich heiratete, schwor ich mir, niemals meine Kinder so zu behandeln, wie meine Mutter mich behandelt hatte. Als ich aber selbst Mutter wurde, merkte ich, dass es ebenso falsch wäre, den Kindern alles zu gewähren. Ich musste also einen Mittelweg finden, um weder zu streng noch zu nachsichtig zu sein. Mein Ehemann hatte einen strengen und strafenden Vater und eine ihn verwöhnende Mutter, da er der erstgeborene Sohn einer jüdischen Familie war. Diese beiden verschiedenen Verhaltensmuster, die wir in die Ehe mitbrachten, mussten also angeglichen werden.

Meine Mutter bestand stets darauf, dass ich genau das zu tun hatte, was sie wollte. Sie war davon überzeugt, dass ihr Weg nicht nur der richtige, sondern auch der einzige wäre. Also blieb mir nichts anderes übrig, als diesem von ihr vor, geschriebenen Weg zu folgen. Hätte ich mich widersetzt, wäre ich, erfahrungsgemäß, sofort hart dafür bestraft worden und das wollte ich unter allen Umständen vermeiden. Nach diesen unguten Erfahrungen ermutigte ich meine Töchter, ihren eigenen Weg einzuschlagen, war aber bereit, sie zu beraten, wann immer sie meine Hilfe brauchten. Ich bin sicher, dass ich viele Fehler gemacht habe, wie wir es alle unwillkürlich tun, aber in einem Punkt war ich mir sicher. Durch die Wachtraumarbeit habe ich gelernt, dass Eltern viel zu oft ihre eigenen Wünsche und Erwartungen auf ihre Kinder projizieren, anstatt herauszufinden, was jedes in sich birgt und was zum Ausdruck kommen will. Ich erkannte, dass sich die heute gültigen, weit verbreiteten Erziehungsmethoden ändern müssen, damit junge Menschen die so dringend benötigte Erneuerung bewirken können, die den Fortbestand unserer gegenwärtigen Zivilisation sichert.

Viele Kinder sagen mir, dass sie sich echte Menschen als Eltern wünschten und nicht Eltern, die ihre berufliche Rolle in der Familie weiterspielen, wo sie gar nicht hinpasst. Eltern sollten sich angewöhnen, ehe sie nach Hause kommen, die Übung mit der Acht mit einem geeigneten Symbol für ihre Arbeit zu praktizieren, so dass sie sich vorübergehend von ihrer beruflichen Rolle lösen und frei die Rolle des Ehemanns, der

Ehefrau und liebevoller Eltern übernehmen können. Die Kinder fühlen sich dann als wertvolle Familienmitglieder bestätigt und angenommen, was sehr wichtig für sie ist, wenn sie sich erfolgreich an die sich so schnell verändernden Lebensbedingungen anzupassen haben. Nur so können sie das notwendige Vertrauen entwickeln, um wesentliche Erneuerungen in ihrer Umwelt und in der Gesellschaft zu verwirklichen. Außerdem können Jugendliche beiderseitigen Geschlechtes nach Erreichen der Pubertät ihre Fesseln zu ihren Eltern lösen. In den alten und weisen Kulturen war man sich über den so wesentlichen Entwicklungsschritt in die nächste Generation durchaus bewusst.

Es mag sonderbar klingen, aber ich habe Eltern beobachtet, die ihre eigenen Kinder ebenso streng und grausam behandelten, wie sie selbst als Kinder behandelt wurden. Und zwar handelt es sich dabei um Eltern, die in einem Konzentrationslager der Nazis untergebracht waren. Man müsste eigentlich annehmen, dass Menschen, die derart grausam und herzlos behandelt wurden, sich geschworen hätten, so etwas niemals ihren eigenen Kindern anzutun. Aber das ist nicht immer der Fall. Manchmal sind die so missbrauchten Eltern ihren eigenen Kindern gegenüber ebenso grausam und herzlos, wie die Lageraufseher es zu ihnen waren.

Leichen im Keller

In vielen Familien gibt es Dinge, über die niemals gesprochen wird. Kinder haben jedoch ein untrügliches Gespür für diese verbotenen Themen. Sie erspüren sie auf unbewusster Ebene und da sie ihrem bewussten Verstand nicht zugänglich sind, können sie auch nicht verarbeitet werden; sie bleiben unerkannt, verfolgen sie und verursachen ein unbestimmtes Gefühl der Unruhe oder sogar Schuld – und manchmal auch der Wertlosigkeit.

Kinder können durch verschiedene Faktoren auf diese Weise berührt werden. Wird ein Kind beispielsweise unehelich geboren und haben die Eltern und ihre Umgebung ein Problem damit, wird es sich irgendwie und ohne ersichtlichen Grund unbehaglich fühlen. In einem solchen Fall muss das Kind unbedingt darüber aufgeklärt werden, sobald es alt genug ist, um es zu verstehen. Dieses Alter mag bei jedem Kind verschieden sein, falls es bei Erreichen der Pubertät jedoch noch nicht aufgeklärt wurde, ist es trotzdem nicht zu spät, die Fesseln zu der Atmosphäre während seiner Geburt zu durchtrennen; auch sollten dem Kind die damaligen Umstände in einfachen Worten erklärt werden. Missglückte eine Abtreibung, so kann dieses Ereignis als unbewusste traumatische Erinnerung geblieben sein. Aus dieser Erinnerung heraus kann ein starkes Gefühl des Abgelehntseins entstehen, auch wenn die Eltern sich bemühen, die Ablehnung, die sie dem Kind ursprünglich entgegengebrachten, zu kompensieren, das Kind verwöhnen oder ihm gegenüber zu große Nachsicht zeigen. Da aber die ursprüngliche Ablehnung auf unbewusster Ebene noch recht lebendig ist, ist eine solche Behandlung oft ziemlich irritierend. Dem Kind müssen daher unbedingt die Umstände seiner Geburt zur rechten Zeit erklärt werden und gleichzeitig sollte ihm versichert werden, dass es sehr willkommen ist und geliebt wird.

Wenn in einer Familie eine Fehlgeburt oder eine Abtreibung vorgekommen ist, sollte auch dies zu gegebener Zeit mit den anderen Kindern der Familie besprochen werden.

Es gibt aber auch andere Ereignisse, die in der Familie aus Scham oder Angst verschwiegen werden, beispielsweise wenn ein Elternteil Selbstmord beging, ermordet wurde oder auf unnatürliche Weise starb. Eine Gefängnisstrafe bringt oft die Familie des Häftlings in Verlegenheit und sollte den Kindern mit einfachen Worten erklärt werden.

Es kann Geheimnisse in einer Familie geben, die noch mehr gehütet werden als eine Adoption. Wenn eine Familie beispielsweise ein verwandtes oder fremdes Kind annimmt, ohne es zu adoptieren, es aber trotzdem wie ein Familienmitglied mit den anderen Kindern aufzieht. So wurde ein kleines Mädchen von einer Mutter, die vergewaltigt wurde, weggegeben, um bei entfernten Verwandten in der Familie aufzuwachsen. Eine offizielle Adoption wurde nie vollzogen. Das Mädchen sah seinen »Schwestern« nicht im geringsten ähnlich und erst am Totenbett erfuhr sie, wer sie war. Ihr ganzes Leben sehnte sie sich nach etwas und wusste nicht, was es war. Diese Sehnsucht führte zu einer tiefen Depression. Einige Mitglieder der Familie kannten zwar ihre Geschichte, aber niemand sprach darüber.

Auch werden die ursprünglichen Eltern eines adoptierten Kindes meist geheim gehalten. Oft spüren adoptierte Kinder, dass sie anders als ihre Gleichaltrigen sind und sehnen sich unbewusst nach etwas Verlorenem. Da die Adoptiveltern möchten, dass das adoptierte Kind sie als seine richtigen Eltern ansieht, klären sie es ganz bewusst nicht über seine ursprüngliche Herkunft auf. Das Kind aber kann ganz andere Charakterzüge als seine Adoptiveltern entwickeln und merken, dass es nicht zu der Familie gehört. Es ist deshalb wichtig, das Kind so schnell wie möglich über seine ursprüngliche Herkunft aufzuklären. Gleichzeitig sollte ihm aber unbedingt gesagt werden, dass sie es sich sehr gewünscht haben und dass es äußerst warm aufgenommen worden ist, vielleicht sogar willkommener als manches eigene Kind. Diese Bestätigung ist wichtig, damit dem Gefühl der Ablehnung etwas entgegengesetzt wird. Trotz dieser liebevollen Aufklärung wird das Kind auf unbewusster Ebene weiterhin die ursprüngliche Ablehnung spüren und bei Erreichen der Pubertät die Fesseln zu beiden Elternpaaren durchtrennen wollen. Das Höhere Bewusstsein muss unter allen Umständen gebeten werden, den leiblichen Eltern des Kindes zu verzeihen, dass sie das Kind zur Adoption freigegeben haben.

Vergnügen und Spaß

Ein junger Mann erzählte mir, ihm war erst seit kurzem bewusst, dass er immer dann Schuldgefühle entwickelte, wenn er sich über etwas freute, sich amüsierte oder glücklich war. Als wir seine Situation besprachen, stellte sich heraus, dass dieses Verhaltensmuster seinen Ursprung in der Kindheit hatte. Sein Vater bestand darauf, dass alle Kinder lernen müssten, hart zu arbeiten. Harte Arbeit stand für ihn an erster Stelle. Wenn er sah, dass seine Kinder nichts taten oder ihre Zeit verschwendeten, übertrug er ihnen sofort Arbeit und hielt ihnen gleichzeitig einen Vortrag über die Gefahren des Müßiggangs. Die Kinder gingen daher erfreulichen Beschäftigungen nur heimlich nach, hatten aber ständig Angst, entdeckt und dafür bestraft zu werden.

Immer bevor dieser junge Mann zu mir kam, hatte ich mich gefragt, wie ich ihn aufheitern könnte, da er stets todernst und niemals entspannt war. Auch schien er nie Spaß zu haben. Ich hatte bemerkt, dass er niemals lächelte, geschweige denn lachte. Ich glaubte, er hatte überhaupt keinen Sinn für Humor. In diesem speziellen Fall wurde diese Art von Arbeitsmoral von Generation zu Generation weitergereicht. Dieser junge Mann war der erste seiner Familie, der diese Kettenreaktion durchbrechen wollte, denn sie verursachte in ihm tiefe Gefühle der Angst und des Unbehagens. Nachdem er die Fesseln zu dem Symbol, das dieses Verhaltensmuster repräsentierte, durchtrennt hatte, gelang es ihm, seinen Lebensstil zu ändern und auch Zeit für Vergnügen zu finden. Ich schlug ihm vor, dass er sich immer wieder einmal das Kinderlied »Froh zu sein bedarf es wenig und wer froh ist, ist ein König« vorsingen sollte.

Meine Kindheit ist ebenfalls ein Beispiel dafür, wie falsch es ist, keine Freude am Leben zu haben und sich nicht zu vergnügen. Meine Mutter erzog mich nach ihren eigenen Vorstellungen, die jedoch nicht ererbten oder erworbenen Verhaltensmustern entsprangen. Sie wollte nur Nutznießerin sein, während mir die Rolle zukam, ihr diesen Nutzen zu verschaffen. Seit frühester Kindheit erwartete sie von mir, dass ich Hausarbeiten übernahm, auf die sie keine Lust hatte, denn sie mochte die Rolle der Hausfrau und Mutter nicht. Ich erkannte dieses Verhaltensmuster schnell und entdeckte, dass mein einziger Ausweg die Flucht in meine Hausaufgaben war. In ihren Augen war die Ausbildung wichtig und mein Erfolg in der Schule würde somit auch auf sie als gute Mutter zurückfallen. Ich wurde deshalb ein richtiger Bücherwurm, woraufhin sie mir ständig vorhielt, dass ich »meine Nase stets in ein Buch steckte.« Es ist nur zu verständlich, dass ich niemals wie die anderen Kinder lernen konnte, zu spielen und Spaß zu haben, denn ich war viel zu ernst und in mich zurückgezogen. Dank dieser Arbeit konnte ich mich von diesem alten Verhaltensmuster befreien, ich wurde lockerer und begann jeden Tag mit weniger Ernst und mehr Lebensfreude.

Es gibt Menschen, die sich auf dem so genannten spirituellen Weg befinden, Spiritualität aber irrtümlicherweise mit tödlicher Ernsthaftigkeit gleichsetzen. Dies ist jedoch ein absolut falsches Bild von Spiritualität, denn wäre es so, würde sich kein Mensch jemals für diesen Weg interessieren. Diese Menschen gestatten dem Höheren Bewusstsein nicht, durch ihre äußere Persönlichkeit hindurchzuscheinen. Ihr eigener Wille und das Ego hindern Es daran, sich durch sie auszudrücken.

Wir sollten in der Lage sein, je nach Situation zwischen Ernsthaftigkeit und Unbeschwertheit abzuwechseln. Leider fehlt Menschen, die sich mit spirituellen Praktiken befassen, oft die Lebensfreude. Viele setzen Spiritualität mit einer vermeintlichen und einstudierten Ernsthaftigkeit gleich. Sie lehnen jede Form der Freude ab und erachten Vergnügen als Teufelswerk.

Kinder, die mit Eltern aufgewachsen sind, die diesem Beispiel folgten, werden diese starre Lebenseinstellung entweder selbst annehmen oder, sobald sie das Elternhaus verlassen haben, dagegen rebellieren und das andere Extrem leben, um die frühkindlichen Restriktionen zu überwinden. Doch keine der beiden Reaktionen repräsentiert notwendigerweise das ihnen adäquate oder ihrem Kulturkreis entsprechende Verhalten.

Das bedeutet natürlich nicht, dass wir den ganzen Tag lang Witze reißen, uns über andere lustig machen oder auch nur leichtfertig sein sollten. Es bedeutet, dass wir uns eine gewisse Leichtigkeit bewahren und optimistisch sind, anstatt missmutig und betrübt. Diese gewisse Leichtigkeit zu erreichen ist eine echte Herausforderung und besonders dann, wenn sich Probleme häufen und einer sofortigen Lösung bedürfen.

Das Geheimnis ist, aus seiner Mitte heraus zu leben und einen inneren Abstand zu den Problemen zu bewahren, so dass wir akzeptieren können, was immer auch geschehen mag, ob wir es mögen oder nicht. Nur so können wir entspannt und locker bleiben. Wie in der nachfolgenden Übung des schwarzen und weißen Vogels beschrieben, sollten wir ungeliebte Dinge weder wegdrängen noch Dinge, die wir mögen, an uns reißen.

Der schwarze und der weiße Vogel
Ausgleich von Gegensätzen

Mit Hilfe dieser Methode kann man lernen, Gegensätze zu akzeptieren wie Gut und Böse, Glück und Unglück, Leid und Freude, Lob und Tadel, um nur einige zu nennen. Stell dir vor, du gehst über ein gespanntes Hochseil Du setzt vorsichtig einen Fuß vor den anderen und schaust dabei geradeaus. Deine Arme sind seitwärts ausgestreckt und deine Handflächen sind nach oben geöffnet.

> Stell dir vor, dass von links ein schwarzer Vogel auf dich zufliegt. Du hast Angst, dass er dich angreifen könnte. Widerstehe der Regung, ihn wegzustoßen, denn sonst könntest du vom Hochseil hinunterfallen.
> Geh weiter geradeaus und schaue weder nach rechts noch nach links.
> In deiner Vorstellung siehst du nun von rechts einen wunderschönen Vogel auf dich zufliegen. Widerstehe dem Wunsch, nach ihm zu greifen, denn auch dann würdest du hinunterfallen.
> Geh geradeaus auf dem Hochseil weiter und gestatte sowohl dem schwarzen als auch dem weißen Vogel, sich auf deiner geöffneten Handfläche niederzulassen, wann immer er will.

Diese Übung hilft dir, alles anzunehmen, was das Leben dir bringt, und führt zu innerem Frieden. Diese Übung solltest du, um ein gutes Ergebnis zu erzielen, mindestens einmal am Tag wiederholen, wann immer du glaubst, dass sie dir helfen kann.

Vorurteile als Familienmuster

In vielen Familien wurden den einzelnen Mitgliedern tief sitzende Vorurteile eingeprägt. Menschen einer Nation sind häufig der festen Überzeugung, dass sie denen anderer Nationen weit überlegen sind. Sie können an dieses Vorurteil derart fest glauben, dass sie ihren Kindern verbieten, sich mit Ausländern zu verbinden. Die Heirat eines Familienmitglieds mit einem Menschen anderer Nationalität ist tabu und die Eltern werden alles versuchen, um ein solches Desaster zu verhindern, sollten ihre Kinder dieses Tabu brechen. Immer häufiger jedoch lernen junge Menschen in der Schule oder auf der Universität Schüler oder Studenten anderer Nationalitäten kennen und widersetzen sich diesen veralteten Überlieferungen, gehen also Partnerschaften ein, die ihre Eltern als unpassend empfinden.

In anderen Bereichen herrschen dennoch weiterhin viele Vorurteile dieser Art. Wie bereits erwähnt, fühlen sich die Bürger mancher Nationen den Bürgern anderer Nationen weit überlegen. Diese Auffassung widerspricht den Lehren, die ich durch meine Arbeit erhalten habe. Auf der Ebene des Wahren Selbst oder des Höheren Bewusstseins sind alle Wesen gleich viel wert. Niemand ist besser oder schlechter als andere. Nur die Persönlichkeit und der Lebensstil unterscheiden sich, nicht aber der Kern oder der innere Funke. Junge Menschen in dem Glauben zu erziehen, dass sie auf Grund einer bestimmten Nationalität automatisch etwas Besseres oder von Gott auserwählt sind, ist die größte Lüge schlechthin. Ebenso falsch ist es, Kindern, die einem so genannten wichtigen oder einflussreichen Elternhaus entstammen, einzureden, dass sie besser seien als Menschen, die in einer weniger erfolgreichen und wohlhabenden Familie aufwachsen.

Die Sehnsucht, besser als die anderen zu sein, verursacht sowohl bei Individuen als auch innerhalb eines Volks gravierende Probleme. Im letzteren Fall ist sie eine der Hauptursachen für Krieg zwischen den Völkern oder opponierende Splittergruppen innerhalb eines Landes, wie Irland, Korea, Serbien usw. Diese irrige Annahme führt zu Blutvergießen, Hungersnöten und Vertreibung unzähliger Menschen, die nie gefragt wurden, ob sie überhaupt einen Krieg führen wollen. Die Regierung hat sich entschieden und das Volk ist machtlos.

Wir sollten die Atmosphäre überprüfen, die in unserer Familie in Bezug auf Vorurteile oder Überlegenheitsgefühle anderen Menschen oder Volksgruppen gegenüber vorherrschte. Aber auch das Gegenteil sollte überprüft werden. Wurde uns das Gefühl gegeben, weniger wert als die anderen zu sein?

In einigen Familien tritt ein umgekehrter Snobismus auf. Den Kindern wird aus irgendeinem Grund zu verstehen gegeben, dass sie weniger wert oder weniger wichtig als andere Kinder sind. Ich erinnere mich an ein gängiges Sprichwort aus meiner Kindheit in England, das dieses Gefühl genau ausdrückt: »Schuster bleib bei deinen Leisten.« Ein anderer, aber ebenso abträglicher Kommentar lautet: »Für wen hältst du dich eigentlich?« Auch er enthält die Botschaft, dass die so angesprochene Person in irgendeiner Weise minderwertiger ist als andere Menschen.

Es werden viele verschiedene Gründe für Vorurteile angeführt: Rasse, Hautfarbe, Nationalität, religiöse Zugehörigkeit, Alter und Geschlecht, persönliche Erscheinung, Beruf oder soziale Stellung der Eltern, Verdienst und vieles andere mehr. Diese negative Programmierung kann Menschen anspornen, um jeden Preis ihren eigenen Wert zu beweisen und sich über das ihnen anhaftende Stigma hinwegzusetzen oder aber sie glauben, was ihnen gesagt wurde, und leben im Schatten ihres geringen Selbstbildnisses, ohne die Aussicht, es jemals zu überwinden.

Diese frühkindliche Konditionierung beeinflusst in jedem Fall den betreffenden Menschen. Wie wir jedoch erfahren haben, kann auch diese Konditionierung neutralisiert werden, wenn die Übung mit der Acht mindestens drei bis vier Wochen lang praktiziert wird. Ein Symbol, das die destruktive Botschaft wiedergibt, wird in den gegenüberliegenden Kreis der Acht platziert. Durch das Durchtrennen der beiden Kreise und die Zerstörung des Symbols, löst man sich schließlich von dem Einfluss seiner Konditionierung.

Ich konnte mich selbst davon überzeugen, dass diese Übung in vielen Fällen sehr erfolgreich war, besonders, wenn sie gleichzeitig mit der Übung der Sanduhr angewandt wurde.

Die Sanduhr

Die Sanduhr ist ein Symbol, das Einschränkungen abzubauen hilft, die sich Menschen selbst auferlegen oder die ihnen auferlegt wurden.

> Visualisiere auf dem Boden um dich herum einen goldenen Kreis, der den Radius deines ausgestreckten Armes hat. Ziehe ihn in deiner Vorstellung hoch, so dass er die Form eines goldenen Kegels annimmt. Seine Öffnung liegt etwas oberhalb deines Kopfes. Stell dir einen zweiten Kegel vor, der mit seiner Öffnung auf der Öffnung des unteren Kegels steht. Es entsteht eine Sanduhr. Die beiden Berührungspunkte der Sanduhr symbolisieren das Höhere Bewusstsein.
>
> Stell dir vor, dass der obere Kegel weit zum Himmel geöffnet ist. Bitte nun das Höhere Bewusstsein, dir aus dem gesamten Universum all das in den oberen Kegel zu schicken, was Es für dich als notwendig erachtet. Das Höhere Bewusstsein filtert alles, was dir gegeben wird, so dass es zur rechten Zeit im rechten Maß zu dir herabfließt. Solltest du einen ganz besonderen Wunsch oder eine Frage haben, bitte auf diesem Wege um die Erfüllung oder Antwort. Lege dich aber in deinen Erwartungen nicht fest. Lass das Höhere Bewusstsein für dich entscheiden.
>
> Danke dem Höheren Bewusstsein für alles, was du bekommst. Überlass dich Seinem Willen und versprich, Ihm zu vertrauen, dass Es dir geben wird, was du brauchst. Es allein kennt deine wahren Bedürfnisse. Versprich, zu akzeptieren, was immer Es dir schickt, ob du es gutheißt oder nicht.

Wir müssen uns auch erinnern, dass alle auf uns projizierten Bewertungen mit dem Körper (oder physischen Aspekten) verbunden sind und dass wir uns nicht mit unserer Hülle aus Körper-Verstand-Persönlichkeit identifizieren sollten, sondern mit dem, was wir wirklich sind (unserer wahren Identität), nämlich dem Höheren Bewusstsein. Auf dieser Ebene haben wir alle den gleichen Wert.

Ob man uns nun beigebracht hat, etwas Besonderes oder von Gott auserwählt worden zu sein oder im Gegenteil minderwertiger als die anderen zu sein – wenn wir von einer dieser beiden Ideologien beherrscht werden, sollten wir uns daran erinnern, dass wir diesem Einfluss nicht hilflos ausgesetzt sind. Wir kennen eine Methode, die uns von dieser uns umgebenden Hülle erlöst, so dass wir unser Wahres Selbst frei ausdrücken können. Wir müssen die Fesseln, die uns an solche Wertvorstellungen binden, durchtrennen.

Besitz

Zurzeit herrscht der Trend, seinen eigenen Wert und den anderer Menschen nach dem Besitz zu beurteilen. Zu den so genannten Statussymbolen gehören Häuser, Autos, Kleider, Schmuck und die vielen anderen Dinge, die käuflich sind. Bei gesellschaftlichen Anlässen werden Menschen oft nach ihrer Kleidung, ihren Schuhen, ihren Uhren, ihrem Schmuck, ja sogar ihren Brillengestellen beurteilt. An ihnen wird geprüft, ob sie auch der neuesten Mode entsprechen und ob es sich lohnt, ihre Besitzer kennen zu lernen. Man betrachtet damit nicht den tatsächlichen Menschen, sondern das Beiwerk, mit dem er sich schmückt. Wenn die Einladungen im Hause des Gastgebers stattfinden, werden das Haus, die Einrichtung und die Autos in der Garage beurteilt.

Kinder aus Familien, in denen diese oberflächlichen Werte wichtig sind, werden auf verschiedene Arten reagieren. Entweder eignen sie sich die gleiche Einstellung ihrer Eltern an und pflegen Bekanntschaften nur, wenn sie in dieselbe Kategorie fallen, also das Neueste und Teuerste besitzen, das, was jeder gerne hätte. Selbst in ganz jungem Alter bewerten Kinder einander nach diesen Kriterien, suchen Freunde und Bekanntschaften nach ihrem Besitz aus und nicht nach ihrem Charakter.

Oder aber sie lehnen sich gegen diese Einstellung auf und werden die entgegengesetzte Richtung einschlagen. Sie verachten alles, was mit Geld gekauft werden kann, und wählen, zum Entsetzen ihrer Eltern, ganz bewusst Freunde mit einem völlig anderen familiären Hintergrund aus. Wieder andere Kinder werden den so genannten »spirituellen« Weg einschlagen, auf dem Besitz überflüssig ist und nur eine Bedrohung bedeutet, die auf jeden Fall vermieden werden sollte.

Da diese Verhaltensweisen nur Reaktionen auf die familiären Verhältnisse sind, repräsentieren sie nicht unbedingt die wahren Werte einer Person. Wir alle können auf unsere Kindheit zurückblicken und die Einstellung unserer Familie zu Besitz betrachten. Aus welchem Elternhaus stammten unsere Eltern und wie gingen sie mit Besitz um? Unsere Eltern wurden vielleicht in Familien mit einheitlichen oder aber widersprüchlichen Werten erzogen. In letzterem Fall wurden uns keine klaren Botschaften übermittelt, so dass wir andere Menschen nicht richtig beurteilen können. Wie auch immer das Klima in der Familie gewesen sein mag, wir können ein Symbol dafür finden, die Übung mit der Acht (S. 100) mit diesem Symbol in dem uns gegenüberliegenden Kreis mindestens drei bis vier Wochen lang praktizieren, um dann die Fesseln zu dem Verhaltensmuster zu durchtrennen, das uns beherrscht. Jetzt können wir uns frei für die Werte entscheiden, nach denen wir leben möchten. Sobald wir uns dazu entschlossen haben, werden sich unsere Beziehungen zu anderen Menschen radikal zum Besseren verändern. Wir werden nicht mehr versucht sein, andere nach ihrem Äußeren oder nach ihrem Besitz zu beurteilen, sondern nach ihrer Menschlichkeit. Mit der Zeit werden wir dann hinter oder in die Persönlichkeit schauen und einen Blick auf das Höhere Bewusstsein werfen können, das in der äußeren Schale wohnt. Auf dieser Ebene sind alle Menschen gleich, niemand ist mehr oder weniger wert als der andere. Ist dieser Punkt erreicht, werden wir alle Menschen als Mitglieder einer Weltfamilie betrachten, als Schwestern und Brüder.

Wenn eines Tages immer mehr Menschen dieses Entwicklungsstadium erreichen, wird die Welt friedlicher, liebevoller und weniger hektisch sein. Dieser Zustand kann dem Goldenen Zeitalter gleichgesetzt werden, das von den alten Sehern und Propheten vorausgesagt wurde. Wir können uns entscheiden, entweder ein Teil des Problems zu bleiben oder am Heilungsprozess teilzunehmen. Haben wir das verstanden, werden wir erkennen, dass es sinnlos ist, weiter den Zustand der Welt zu kritisieren. Unsere falsche Einstellung trägt zu diesem Zustand bei und diese Tatsache sollten wir akzeptieren. Durch diese Erkenntnis könnten wir direkter mit dem Höheren Bewusstsein in Berührung kommen, wir könnten Ihm unser Leben widmen und Sein Instrument werden, anstatt der Sklave unseres Egos oder unserer Wünsche zu bleiben. Wir können uns aber auch entschließen, unsere wahre Identität weiterhin zu leugnen. Wahre Identität bedeutet, ein Teil des allmächtigen Gottes – und daher nicht getrennt von ihm – zu sein.

Kleidung und Mode

Von alters her spielte die Kleidung für Menschen eine wichtige Rolle. Ursprünglich diente sie ausschließlich dazu, den Körper vor Verletzungen und den Unbillen der Witterung zu schützen. Die alten Stammesvölker mussten die Tiere und Vögel um ihren Pelz, ihre Haut und ihre Federn beneidet haben und wenn sie Tiere für ihre Ernährung töteten, verwendeten sie ihre Häute als Bekleidung für ihre nackten Körper. Mit der Zeit schmückten sie die Häute und verschönerten sie. Dann begannen die Frauen, aus natürlichen Materialien Stoff zu weben und Kleidung herzustellen. Die so hergestellte Kleidung war bequemer und während der warmen Jahreszeit angenehmer zu tragen. Im Laufe der Zeit wetteiferten sie mit ihrer Bekleidung, verschönerten sie mit Mustern und verbesserten den Schnitt. Frauen, die weniger kreativ waren, kopierten die neuen Entwürfe und so entstand die Mode, die sich seit Jahrhunderten auf der ganzen Welt durchsetzt.

In den verschiedenen Ländern glich sich der Stil der Bekleidung den klimatischen Bedingungen des Landes an und so unterschied sich die Kleidung in tropischen Regionen von der in kälteren Ländern. In Indien tragen viele Frauen immer noch die ursprünglichen Saris und Männer Lendentücher. Aber besonders junge Menschen trennen sich von ihrer traditionellen Kleidung und bevorzugen die von Amerika eingeführte Einheitskleidung, wie Jeans und T-Shirts.

Da sich diese Veränderung nach Jahrhunderten eines kaum merklichen Wandels drastisch vollzog, haben besonders ältere Menschen Probleme, sich umzustellen. Für viele junge Leute ist es sehr wichtig, sich nach der neuesten Mode zu kleiden, um mit ihren Gleichaltrigen Schritt zu halten. Inzwischen ist es üblich, andere Menschen entsprechend ihrer Mode zu beurteilen. Das ist jedoch eine höchst begrenzte Betrachtungsweise. Zu Beginn des letzten Jahrhunderts, als ich aufwuchs, hieß es: »Kleider machen keine Leute.« Viele wohlhabende Männer und Frauen bevorzugten sogar alte und schäbige Kleidung, um ein Zeichen ihrer Geringschätzung für Menschen zu setzen, die blind dem Diktat der Mode folgten.

Wir müssen also, wie auch bei anderen Verhaltensmustern, auf unsere Kindheit zurückblicken, um herauszufinden, welche Einstellung unsere Familie zu Kleidung und Mode hatte und wie sich unsere Eltern damals auf diesen rigorosen Wandel einstellten.

Haben wir darunter gelitten, Kleidung tragen zu müssen, die sich von der anderer Kinder unterschied, so dass wir uns als Außenseiter fühlten? Ich erinnere mich noch sehr genau daran, wie mir eine Tante ein wunderschön besticktes Seidenkleid schenkte. Da kein anderes Kind so ein Kleid hatte, fühlte ich mich »anders« und litt sehr darunter.

Oder wurden wir in eine Familie geboren, die weniger Geld zur Verfügung hatte, und mussten Sachen von älteren Brüdern oder Schwestern tragen, die uns entweder zu klein oder zu groß waren? Oder wurden wir wie Modepuppen in die Schule geschickt und hatten Angst, die teuren Anziehsachen zu verschmutzen? Wie auch immer unsere Erfahrungen gewesen sein mögen, wir sollten uns fragen, ob uns die frühkindliche Konditionierung heute noch beeinflusst. Wenn ja, können wir uns aus diesen Bindungen lösen, um uns selbst zu entscheiden, was für uns angemessen ist, da wir nicht mehr unter der Obhut unserer Eltern stehen.

Wir sind weder unser Körper noch sollten wir uns mit unserer Kleidung identifizieren. Sie sollte jedoch unsere Stellung im Leben reflektieren und unserem Beruf entsprechen. Vor allem aber sollte sie unsere Persönlichkeit widerspiegeln und wir müssen uns in ihr wohl fühlen, so dass sie uns nicht ablenkt. Oder anders ausgedrückt, unsere Kleidung sollte uns nicht zu stark beschäftigen und uns von anderen, wichtigeren Themen ablenken.

Für Schmuck und die Frisur gilt das Gleiche. Auch sie dürfen uns nicht beherrschen, denn nicht die Zierde, die unseren Körper schmückt, macht unseren Wert aus.

Ich habe beobachtet, wie Freunde und Verwandte eines frisch verlobten Paares den Wert des Rings schätzten, den die junge Frau trug, um danach den armen Bräutigam zu beurteilen.

Der neueste Trend ist, die Kleider oder die Frisur von berühmten Schauspielern zu kopieren. Vornehmlich Frauen versuchen diesen Vorbildern nachzueifern und hoffen, dass sich das Charisma des Stars irgendwie auf sie überträgt. Prinzessin Diana wurde beispielsweise von vielen Frauen nachgeahmt. Sie trugen billige Kopien ihrer Kleider und imitierten ihre Frisur, um auszusehen wie sie.

Viele dieser Gepflogenheiten haben ihren Ursprung in den Wertvorstellungen unserer Familie, aber wollen wir wirklich den Rest unseres Lebens nach diesen Maßstäben leben? Entsprechen sie dem, was wir wirklich sind?

Werden wir von der Mode beherrscht, lassen wir uns von anderen Menschen kontrollieren. Folgen wir dem Diktat der Modemacher, werden wir zu Sklaven der sich immer verändernden Trends. Ich möchte dieses Kapitel mit Aussprüchen beenden, die sehr treffend die Einstellung zur Mode wiedergeben. »Menschen, die ihre Kleidung zu einem besonderen Teil von sich selbst machen, sind im Allgemeinen nicht mehr wert als ihre Kleider.« – »Es ist nicht alles Gold, was glänzt« oder, wie Sathya Sai Baba sagt: »Charakter ist die einzig wahre Zierde.«

Wut und Gewalt

Wir alle sind über die ständig zunehmende Wut und Gewalt erstaunt, auf privater wie nationaler Ebene, zwischen einzelnen Menschen wie zwischen den Völkern.

Aggression ist ein weiteres Verhaltensmuster, das sich in manchen Familien von Generation zu Generation vererbt. Einige Kinder scheinen bei ihrer Geburt eine persönliche Wut mitzubringen und es ist, als ob sie von einer Familie angezogen worden seien, in der Wut besonders stark ausgedrückt wird. Die einzelnen Kinder einer Familie reagieren jedoch, wie bereits besprochen, unterschiedlich auf solche Verhaltensmuster. Einige werden dem Beispiel eines aggressiven Elternteils folgen, während andere derart traumatisiert sind, dass sie geloben, niemals ihrer Wut freien Lauf zu lassen. Sie werden oft passiv und gehemmt. Wer die Tendenz zur Wut nicht erkennt und ablegt, wird sie unterdrücken. Eines Tages wird sie dann durch irgendein auslösendes Ereignis unerwartet hervorbrechen und die betreffende Person in tiefe Verlegenheit stürzen.

Viele Menschen bekämpfen tapfer ihre aggressiven Neigungen. Das geht sogar so weit, dass sie sich selbst für ihre Wutausbrüche hassen und verachten. Sie richten ihre Wut gegen sich selbst, was ebenso schädlich ist. Sai Baba soll gesagt haben, dass ein Wutanfall die Menge an Energie aufzehrt, die in drei Monaten durch Nahrung gewonnen wird. Wutanfälle aber schwächen nicht nur den Wütenden, sondern schaden auch demjenigen, der Ziel des aggressiven Verhaltens ist. Kinder geben oft zu, dass sie Angst vor der Wut ihrer Eltern haben und dass sie alles Erdenkliche zu tun bereit sind, um diese nicht auf sich zu ziehen. Auf diese Weise unterdrücken sie ihre natürliche Spontaneität.

Es ist nicht einfach, sich von diesem destruktiven Verhalten zu befreien, weder für den, der die Wut zulässt, noch für den, der sie unterdrückt.

Wenn wir nicht versuchen, das Klima der Wut, in dem wir erzogen wurden, aufzulösen, werden wir in irgendeiner Art von ihm beherrscht werden.

Manche Experten behaupten, dass Wut ein ererbter Charakterzug ist. Aber es hilft nicht viel, ihren Ursprung zu kennen. Wut beherrscht einen Menschen und bleibt eine Aggression, ob sie nun ererbt oder später erworben wurde. Oft wird zu viel Zeit und Energie für die Beantwortung dieser Frage verschwendet. Wichtiger ist, wie man seine Wut in den Griff bekommen kann.

Wenn mir jemand sagt, dass er zu Wutanfällen neigt und dass er sich aufrichtig wünscht, mit diesem Charakterzug umgehen zu lernen, frage ich immer nach den Verhaltensmustern, die bereits die Eltern aus ihren jeweiligen Familien mitbrachten. Wie alle anderen Aspekte, die die Familienatmosphäre bestimmen, beeinflussen auch diese Verhaltensmuster die Kinder. Jedes Familienmitglied wird anders auf die Energie der Wut reagieren. Wenn wir uns mit Hilfe der Acht von dem Verhaltensmuster lösen, das sich ständig wiederholt, und das Symbol, das diesen Charakterzug repräsentiert, auch tatsächlich vernichten, befreien wir nicht nur uns selbst und unsere Familie, sondern zerstören auch einen Teil dieser Gedankenform in der Welt. Dies reinigt manchmal die fast greifbare Atmosphäre, die bestimmte Orte oder Menschen umgibt. Lösen wir diese negative Gedankenform auf der Weltebene auf, werden auch jene Menschen von ihr befreit, die in ihr gefangen sind und die sie mit ihrer eigenen Wut aufladen. Durch sie lebt die Wut als Feind der liebevollen Fürsorge weiter und bedroht und vergiftet den Weltfrieden.

Ich habe das Ergebnis eines solchen Reinigungsprozesses selbst erlebt und die positive Wirkung, die sie auf die einzelnen Mitglieder der Familie hatte, in der diese negativen Züge wucherten. Es ist äußerst befriedigend, nicht nur die Familie und sich selbst von der Wut zu befreien, sondern auch die Welt von Gewalttätigkeit zu erlösen. In Kapitel Wut und Kapitel Angst werde ich Hilfe bieten, um auf persönlicher Ebene Flicken aus Wut aufzuarbeiten, die aus einem aggressiven familiären Umfeld stammen.

Geduld

Geduld ist die Fähigkeit und die Bereitschaft zu warten, bis es an der Zeit ist, eine Idee oder einen Plan in die Tat umzusetzen. Die meisten von uns aber sind ungeduldig. Wir wollen die Antwort sofort haben. Die Dinge sollten sich nach unserer Vorstellung entwickeln. Aber diese Einstellung ist nicht immer realistisch. Es ist, als ob wir einen Apfel vom Baum pflückten, der uns reif erscheint, aber starke Magenschmerzen verursacht, weil er in Wahrheit unreif ist. Warten wir aber zu lange und pflücken ihn erst, wenn er schon zu faulen beginnt, wird er uns ebenfalls Beschwerden bereiten. Wir müssen den Zeitplan des Höheren Bewusstseins akzeptieren, der immer richtig ist, und sollten nicht an unserem eigenen unzulänglichen Zeitplan festhalten. Dann wird der »Apfel« reif sein und uns keine Beschwerden bereiten.

Mit der Einstellung des Höheren Bewusstseins zur Zeit muss man erst vertraut werden. Die meisten von uns wurden von Eltern erzogen, die ihrerseits eine falsche Einstellung zur Zeit bereits von ihren Eltern übernommen hatten. Waren diese beispielsweise ständig in Eile, so wurde diese Einstellung zur Gewohnheit. Dies ist besonders der Fall, wenn Eltern durch ihre Arbeit überfordert sind. Sie übernehmen zu viel Verantwortung und haben daher zu wenig Zeit für ihre Kinder. Kinder, die aus einer solchen Familie stammen, werden unterschiedlich auf diese Situation reagieren. Ein Kind ahmt vielleicht die Gewohnheit der Eltern, immer in Eile zu sein, nach und gibt diese an seine eigenen Kinder weiter. Ein anderes Kind wird sich vielleicht diesem Druck widersetzen und sich absichtlich angewöhnen, immer zu spät zu sein, um so seine Unabhängigkeit zu demonstrieren. Keine dieser beiden Angewohnheiten gibt jedoch die wahre Person wieder, beide wurden durch frühkindliche Programmierung angenommen.

Nur wenn wir das Höhere Bewusstsein bitten, uns die richtige Zeit anzugeben, und wenn wir bereit sind, Seinem Rat zu folgen, werden wir zur rechten Zeit am rechten Platz sein. Wir werden nicht versuchen, andere zu beherrschen, noch zulassen, dass andere uns beherrschen. Nur wenn wir ernsthaft bereit sind, das Höhere Bewusstsein um Führung zu bitten, können wir diese ausgeglichene Einstellung annehmen und entspannt Seiner inneren Führung folgen. Wir werden dann feststellen, dass sogar unsere Unpünktlichkeit richtig ist, denn die Person, mit der wir uns verabredet haben, wird selbst unpünktlich sein.

Nur durch die Bereitschaft, das Höhere Bewusstsein zu befragen, kann gegenseitige Übereinstimmung bei Partnern erzielt werden. Sie können sich anpassen und keiner wird den anderen beherrschen.

Teil V

Karmische Flicken

Stolz und Eitelkeit als Flicken

Laut Wörterbuch führt Stolz die Liste der sieben Todsünden an und ist die einzige, die den Engeln, besonders Satan, dem gefallenen Engel, zugeschrieben wird. Stolz bedeutet Eigendünkel oder Eitelkeit und kommt in übertriebener Selbstgefälligkeit oder in extremer Überschätzung des eigenen Egos zum Ausdruck. Abgesehen von all diesen negativen Gefühlen trennt uns Stolz sehr erfolgreich vom Höheren Bewusstsein, das in jedem Menschen gleichwertig ist. Wie kann also Stolz gerechtfertigt sein, wenn er laut Definition das Ego vom Höheren Bewusstsein trennt und ihm mehr Wert beimisst?

Stolz vermittelt die Botschaft, dass wir uns anderen gegenüber auf irgendeine Weise überlegen fühlen. Wir sind stolz auf unsere Eigenschaften, Begabungen, Errungenschaften, auf unsere Position, unseren Besitz, unser Erbe, unsere Kinder und vieles mehr. Wir alle haben schon den Ausdruck »Stolz schwellt er seine Brust« gehört, der sich auf eine Person mit aufgeblasenem Ego bezieht. Wir kennen auch die reizende Fabel vom Frosch, der sich in dem verzweifelten Bemühen, größer als alle anderen Frösche im Teich zu sein, aufbläst und dann zerplatzt. Baba wiederholt oft einen seiner prägnanten Sprüche, um uns diese Lektion zu lehren: »Blast euch nicht vor Stolz auf und fallt nicht in euch zusammen, wenn ihr versagt. Akzeptiert mit Gleichmut die beiden Gegensätze – Akzeptanz und Ablehnung, Rampenlicht und Schatten.«

Wann hast du dich in irgendeiner Weise einem anderen Menschen überlegen gefühlt? Auf welchem Gebiet spielt Stolz eine Rolle: auf körperlichem, geistigem, emotionalem oder spirituellem? Sind wir auf unsere körperlichen Attribute stolz, wie zum Beispiel unser hübsches Gesicht, unsere Haare, unsere Figur, unsere Stärke, unseren Körper oder auf unsere Sportlichkeit? Wir wissen allerdings, dass wir nicht der Körper sind. Der Körper gleicht einem Haus, in dem das Wahre Selbst vorübergehend Obdach gefunden hat. Es ist also töricht, sich mit dem Körper zu identifizieren und folglich macht es auch keinen Sinn, stolz auf ihn zu sein.

Stolz haftet aber auch materiellen Dingen an, die mit unserem physischen Körper verbunden sind. Dies schließt Geld, Kleider, Schmuck, Essen, Autos, Häuser ein sowie die unzähligen anderen Besitzgüter, durch die wir uns anderen Menschen überlegen fühlen, weil sie diese nicht besitzen. Wir können aber auch stolz auf unsere geistige Überlegenheit sein, auf intellektuelle Erfolge wie akademische Titel, Begabungen, Karriere oder künstlerische Fähigkeiten. Oder sind wir stolz auf unsere Beliebtheit und die Tatsache, dass Menschen uns mögen, oder auf unsere Großzügigkeit, unser Mitgefühl, unsere Ehrlichkeit, unsere Selbstlosigkeit oder gar auf unsere Fähigkeit zu lieben? Dies sind zwar alles bewundernswerte Fähigkeiten, aber wenn wir auf sie stolz sind, schmälert es ihren wahren Wert. Sind wir stolz auf unseren spirituellen Fortschritt oder unsere spirituelle Entwicklung und verachten jene, die einen anderen Weg beschreiten? Sind wir etwa auch stolz, wenn wir Menschen, die in Not sind, in irgendeiner Weise helfen? Wahres Mitgefühl entspringt dem Wunsch, das Leid anderer zu mildem, und nicht dem, unseren eigenen Wert zu steigern oder andere zu beeindrucken.

Wie können wir uns aber vom Stolz befreien? Zunächst können wir eine farbige Karte wählen und jedes Beispiel darauf vermerken, auf das wir in unserem täglichen Leben stolz sind. Somit werden wir uns dieses Gefühls gewahr.

Wir gehen in gleicher Weise vor wie mit den anderen negativen Gefühlen. Zunächst modellieren oder zeichnen wir ein Symbol für den Stolz, wobei der bewusste Verstand durch eine interessante Beschäftigung abgelenkt wird. Wir stellen uns dann dieses Symbol in dem uns gegenüberliegenden Kreis der Acht vor und praktizieren diese Übung (S. 100) mindestens drei bis vier Wochen lang. Nach Ablauf dieser Zeit sollte das Symbol geistig zerstört werden, ebenso die Zeichnung oder das Modell, um diese Botschaft dem Unbewussten einzuprägen.

Eifersucht und Neid als Flicken

Eifersucht und Neid werden oft miteinander verwechselt, da sie häufig zusammen auftreten. Obwohl sie die gleiche Wurzel haben und von Gier und Selbstsucht verursacht werden, sind sie jedoch voneinander verschieden.

Eifersucht kann entstehen, wenn wir an etwas oder jemandem sehr hängen und große Angst haben, es/ihn zu verlieren, so dass wir es/ihn eifersüchtig hüten. Wir betrachten jeden Menschen mit Argwohn und Abneigung, der es/ihn uns eventuell wegnehmen könnte.

Neid dagegen entsteht, wenn wir sehen, dass jemand etwas besitzt, was wir selbst gerne hätten. Er kann leicht zu Wut und Gehässigkeit anderen Menschen gegenüber führen.

Beide Gefühlsregungen sind eng mit dem Ego und dem Konzept von »haben« verbunden. Wenn wir an dem festhalten, was wir besitzen, oder unbedingt haben möchten, was andere Menschen besitzen, sind wir ganz offensichtlich nicht gewillt, es mit anderen zu teilen, auch dann nicht, wenn sie bedürftiger sind als wir. Es spielt keine Rolle, ob es sich dabei um Geld, Liebe, Essen, Zeit, Energie oder Wissen handelt.

Es ist interessant zu beobachten, dass Kinder bereits instinktiv Eifersucht und Neid ausdrücken, da beide Eigenschaften mit ihrem Überleben verbunden sind. Junge Geschöpfe brauchen und suchen lebensnotwendige Nahrung, Liebe und den Schutz ihrer Eltern, um gesund wachsen zu können. Wenn ein Bruder oder eine Schwester geboren wird oder ein Rivale erscheint, der die Aufmerksamkeit der Eltern auf sich zieht, wird unweigerlich Eifersucht und Neid aufsteigen, verbunden mit Groll gegen den Eindringling in ihre vormals sichere Welt. Diese Reaktion kann Hass auslösen und zu so genannten Verbrechen aus Eifersucht führen.

Wenn aber Eltern oder andere Aufsichtspersonen dem Kind die angemessene Liebe und Sicherheit auch weiterhin vermitteln, können diese beiden negativen Gefühle im Keim erstickt werden. Auf diese Weise wachsen sie sich nicht zu gravierenden Problemen aus, die nur schwer wieder zu beheben sind, wenn sie erst einmal zur Gewohnheit geworden sind. Wird ein Mensch von Eifersucht und Neid beherrscht, verursachen diese Eigenschaften einen extremen physischen, emotionalen und geistigen Stress.

Stell dir vor, du hältst etwas fest in deiner Hand, das dir sehr viel bedeutet. Stell dir weiter vor, jemand will es dir wegnehmen. Schon allein bei dem Gedanken verkrampfen sich deine Muskeln. Siehst du einen Menschen, der etwas besitzt, das du dir sehnlichst wünschst, wirst du ein ebenso starkes Verlangen spüren, es dir zu holen. In beiden Fällen ist es die Liebe zum Besitz, egal, ob es sich um einen Gegenstand oder einen·Menschen handelt, die diese negativen Gefühle auslöst, und nicht die Liebe zum Höheren Bewusstsein.

Wie auch bei Wut sollten wir alle Anzeichen dieser bei, den negativen Reaktionen täglich auf farbigen Karten fest, halten, sobald wir uns ihrer bewusst werden, eine gelbe Karte für Eifersucht und eine grüne für Neid. Dann frage dich, wen oder was du so eifersüchtig hütest oder nach was du dich sehnst, das einem anderen Menschen gehört.

Um dich von diesen beiden Gefühlen zu befreien, musst du je ein Symbol für sie finden und die Übung mit der Acht (S. 100) mindestens drei bis vier Wochen lang ausführen. Zerstöre dann den Kreis mit dem Symbol und zerstöre auch das gezeichnete oder modellierte Symbol, um dem Unbewussten klar mitzuteilen, dass du dich von diesem beherrschenden Gefühl trennen willst. Dann praktiziere die Übung mit dem Maibaum (S. 20) und bitte das Höhere Bewusstsein, dir zu geben, was du an positiven Gefühlen benötigst, wie zum Beispiel Liebe, Anteilnahme, Fürsorge oder Mitgefühl. Gleichzeitig bitte das Höhere Bewusstsein unter Verwendung der Sanduhr (S. 143), dir das zu geben, was Es für dich als richtig erachtet. Praktiziere nochmals den Maibaum und bitte jeden Menschen persönlich um Verzeihung, auf den du eifersüchtig oder neidisch warst.

Gier als Flicken

Gier ist das Grundelement fast aller unserer Bindungen und negativen Gefühle. Sie ist der Kern der ichbezogenen Einstellung von »mir« und »mein«. Anstatt zu sagen: »Dein Wille geschehe«, heißt es: »Mein Wille geschehe, nicht deiner noch der Wille eines anderen Menschen.« Gier ist das Symptom einer extremen Herrschsucht des Egos. Es ist der übertriebene oder unmäßige Wunsch, mehr zu bekommen, als wir tatsächlich brauchen oder verdienen.

Gierige Menschen gleichen einem Fass ohne Boden. Je mehr sie haben, desto mehr wollen sie; sie sind niemals zufrieden, sei es ihr Verlangen nach Essen, Trinken, Geld, Besitz, Liebe, Aufmerksamkeit, Ruhm oder Reichtum. Die Liste lässt sich endlos fortsetzen.

Der Gier liegen eine extreme Unsicherheit und der irrige Glauben zugrunde, dass materielle Dinge die innere Leere füllen könnten. Je größer die Unsicherheit bei solchen Menschen ist, desto stärker setzt sich die Gier, in dem verzweifelten Versuch, diesen inneren Hunger zu stillen, fest. Da aber materielle Güter nicht von Dauer sind, können sie auch niemals die Bedürfnisse vollständig und für immer befriedigen. Sie verstärken nur die Unsicherheit, ausgerechnet das Gefühl, von dem sie sich befreien wollten. Ein sich endlos wiederholender Vorgang.

Gier ist auch Inbegriff von Verschwendung, denn sie bringt uns dazu, mehr zu wollen, als wir eigentlich brauchen, und dieser Überfluss könnte einem anderen Menschen nützlich sein. Auch hier können wir auf eine Karte mit entsprechender Farbe alle Beispiele von gierigem Verhalten aufschreiben, die wir täglich wahrnehmen. Was wünschen wir uns im Übermaß, ohne es wirklich zu brauchen? Oder was wollen wir unter allen Umständen behalten, was andere Menschen gebrauchen könnten? Wir alle haben die Tendenz, die Dinge unerbittlich zu beschützen, die wir am meisten lieben. Wir sollten auf starke Reaktionen achten, wenn wir uns die oben angeführten Fragen stellen, denn sie zeigen uns Gebiete an, die noch abgeklärt werden müssen, bevor Heilung möglich ist.

Alles zielt aber auf unsere falsche Vorstellung von Sicherheit ab. Viele Menschen suchen Sicherheit bei den Eltern, bei ihrem Ehemann oder der Ehefrau, in einem Beruf, in ihren Fähigkeiten oder ihrem Spezialwissen. Da aber alles vergänglich ist, können wir nie die erwünschte Sicherheit erlangen. Die einzig wahre und immer währende Sicherheit finden wir nur im Höheren Bewusstsein, denn Es weiß genau, was wir für unseren Lern- und Reifeprozess benötigen.

Wir müssen ein Symbol für die Gier finden, das wir in den uns gegenüberliegenden Kreis der Acht (S. 100) legen, um uns von ihrer Kontrolle zu befreien. Gier kann mit einem Bandwurm verglichen werden, der gierig verschlingt, was sein Wirt isst. Sein Wohltäter bleibt unbefriedigt und hungrig zurück, egal, wie viel er auch verzehren mag. Ebenso hat die Gier auch etwas von einem Parasiten, der von seinem Wirt ernährt wird. Praktiziere mit dem dir gegebenen Symbol mindestens drei bis vier Wochen lang die Übung mit der Acht und zerstöre das Symbol nach deinen Vorstellungen, vergewissere dich aber, dass es vollständig zerstört wird.

Wie auch alle anderen negativen Gefühle oder Eigenschaften, muss Gier durch eine positive, entgegengesetzte Eigenschaft ersetzt werden. Was ist aber das Gegenteil von Gier? Ist es Großzügigkeit, die Bereitschaft zum Teilen, Rücksichtnahme auf andere? Jeder von uns hat darüber eine andere Meinung, aber was auch immer diese Meinung sein mag, bitte das Höhere Bewusstsein, sie dir mit Hilfe des Maibaums (S. 20) mitzuteilen. Atme diese Eigenschaft tief ein und atme die Gier aus, die der mitgebrachte Flicken aus der Vergangenheit verkörpert.

Wut als Flicken

Wut ist eine der destruktivsten Emotionen. Sie ist sowohl für denjenigen destruktiv, der sie ausdrückt, als auch für den, an den sie gerichtet ist. Baba sagt, dass ein Wutanfall ebenso viel Energie aufzehrt, wie wir durch Nahrung in drei Monaten aufnehmen. Es macht also durchaus Sinn, sich von dem Zwang, wütend zu werden, zu befreien. Als erstes sollte man allerdings die Ursache für seine Wut herausfinden.

Wenn du erkennst, warum du über etwas wütend bist, verfolge deine Gefühle zurück bis zu dem Wunsch, der vereitelt wurde und diesen Wutanfall auslöste. Halte diesen Anlass kurz auf einer roten Karte fest. Schreibe sowohl auf, an wen der Wutanfall gerichtet war, als auch die Ursache des unerfüllten Wunsches.

Jeden Abend kannst du dann diese Liste durchsehen und weitere Gefühle der Wut hinzufügen, die du bisher unterdrückt hast. Langsam wird sich ein Muster herausbilden, das die häufigsten Anlässe für deine Wut offenbart.

Du solltest dir zuliebe so ehrlich wie möglich sein. Dein Unbewusstes und das Höhere Bewusstsein kennen deine Vergangenheit und auch deine Gegenwart sehr genau, einschließlich der Aspekte, die dir noch unbewusst sind.

Außerdem solltest du wissen, dass uns das Höhere Bewusstsein niemals kritisiert, sondern ermutigt, wenn wir uns Seiner Führung anvertrauen.

Dieser Prozess sollte nicht forciert werden, denn es ist von äußerster Wichtigkeit, ihn gewissenhaft, also langsam und sorgfältig, durchzuführen. Wir sollten dabei immer wieder das Höhere Bewusstsein um Hilfe bitten.

Als Nächstes muss ein Symbol für diese unerwünschte Emotion gefunden werden. Du kannst dich beispielsweise fragen, wie du dieses Gefühl empfindest oder wo es sich im Körper bemerkbar macht. Es kann sich wie ein Feuerball in deiner Brust, in deinem Magen oder sonst wo in deinem Körper bemerkbar machen. Es kann einer ärgerlichen Maske gleichen oder einer geballten Faust. Bitte das Höhere Bewusstsein, dir das passende Symbol zu zeigen. Du kannst es aber auch zeichnen oder modellieren, wie bereits vorher beschrieben. Die Acht (S. 100) sollte mindestens drei bis vier Wochen lang mit dem Symbol für Wut in dem dir gegenüberliegenden Kreis praktiziert werden.

Diese unerwünschte, beherrschende Eigenschaft kann auf verschiedene Arten zerstört werden. Viele Menschen verbrennen sie, manche ziehen es vor, sie in einen imaginären Säurebehälter zu werfen, wieder andere schleudern sie über eine Klippe, in einen Vulkan oder ins Universum hinaus.

Zusätzlich zu der imaginären Zerstörung sollte das Symbol auf ein Papier gezeichnet werden, das dann ebenfalls zerstört wird. Das Unbewusste erhält so die unmissverständliche Botschaft, dass du dich ernsthaft von dieser negativen Emotion lösen willst.

Der durch das Symbol der Wut frei gewordene Platz muss unbedingt durch ein positives Gefühl besetzt werden. Was ist aber das Gegenteil von Wut? Benutze dazu den Maibaum (S. 20): Nimm dir ein Band und bitte, dass dir ein Ersatz für Wut gezeigt wird. Atme das, was dir gegeben wird, tief ein und atme deine Wut vollständig aus.

Wenn sich deine Wut gegen einen Menschen gerichtet hat, solltest du diesen um Verzeihung bitten und ihm die Liebe des Höheren Bewusstseins zukommen lassen, um die entstandene Wunde zu heilen.

Wenn du an dieser täglichen Übung festhältst, wirst du feststellen, dass du langsam Fortschritte machst. Du wirst immer weniger auf die rote Karte zu schreiben haben und deine Wutanfälle werden weniger heftig und von kürzerer Dauer sein. Sei dir beim Umgang mit diesen Gefühlen bewusst, dass du mit keinem anderen Menschen konkurrierst, nur mit deinem Selbst.

Angst als Flicken

Angst ist vielleicht die lähmendste aller negativen Emotionen. Folgende Redensweisen bringen das zum Ausdruck: »Ich war wie gelähmt vor Angst« oder »Angst ergriff ihn« und »Ich bin fast gestorben vor Angst.« Angst ist direkt mit dem Gefühl des Begehrens verbunden. Wir haben entweder Angst, dass sich ein Wunsch nicht erfüllt, oder aber, dass etwas geschieht, was wir uns nicht wünschen.

Angst ist auch extrem ansteckend. Sie löst im Solarplexus den »fight or flight«-Reflex (Kampf-oder-Flucht-Reaktion) aus. Von Tieren wird behauptet, dass sie die Angst bei Menschen und anderen Tieren wittern können. Entsteht eine bedrohliche Situation, breitet sich dieses Gefühl der Bedrohung wie ein Lauffeuer in der ganzen Herde aus und ohne zu wissen, vor was, rennen alle panisch davon. Die gleiche Reaktion kann bei Menschen beobachtet werden. Es reicht aus, dass eine Person Angst hat oder ein Angst auslösendes Wort wie »Feuer« ruft, und die Menschen werden sich wie Schafe verhalten und blind dem »Anführer« folgen.

Allerdings kann Angst auch, am rechten Platz zur rechten Zeit, ein nützliches Signal oder eine Warnung vor drohender Gefahr sein, die zu meiden ist oder der man sich stellen sollte. In diesem Fall führt sie zu positivem Handeln, so wie im »fight or flight«-Reflex, der in folgenden Wendungen ausgedrückt wird: »Die Angst verlieh ihm Flügel« und »Die Angst verlieh ihm ungeahnte Kräfte«.

Angst drückt sich negativ aus, wenn sie als Machtmittel eingesetzt wird. Menschen, die über andere Macht ausüben wollen, haben es leichter, wenn sie deren Ängste kennen. Sie spielen mit ihrem Opfer, bis es sich duckt und unterordnet. Hat ein Hase Angst vor einer Schlange, erstarrt er und ist unfähig zur Flucht. Die Schlange kann sich ohne Mühe auf ihn stürzen und ihn verschlingen.

Wir alle werden mit drei elementaren Ängsten geboren: Lärm, fallen gelassen und allein gelassen werden. Jeder Mensch hat also Angst. Da aber manche Ängste sehr stark ausgeprägt sind, werden sie oft unterdrückt und liegen tief vergraben im Unbewussten. Meistens lernen wir sie erst kennen, wenn sie durch etwas Unerwartetes aufgerüttelt werden, herausbrechen und uns überwältigen. Als Erstes müssen wir daher unsere Ängste identifizieren.

Ängste können in drei Kategorien aufgeteilt werden: Wir alle haben Angst vor Krieg, Erdbeben, Feuer, Überschwemmungen, Wirbelstürmen, Dürre, Hungersnöten und anderen Katastrophen. Dann gibt es Ängste, die viele Menschen gemeinsam haben, wie Angst vor dem Tod, vor Versagen, vor Armut, vor dem Verlust der Arbeit oder eines geliebten Menschen, vor Zurückweisung und vielem anderem mehr. Und es gibt Ängste, die nicht unbedingt von der Mehrheit der Menschen geteilt werden, wie Angst vor der Dunkelheit, vor Veränderung, vor dem Unbekannten, vor Schlangen, Spinnen oder Mäusen, um nur einige aufzuzählen.

Da Angst genau das anzieht, wovor wir uns am meisten fürchten, muss sie unbedingt losgelassen und durch das Gegenteil ersetzt werden, nämlich durch Liebe. Deshalb heißt es auch in dem Sprichwort: »Wahre Liebe fürchtet nichts.«

Nimm eine Karte und schreibe alle Ängste auf, die dir einfallen. Das ist der erste Schritt, sich von ihnen zu lösen.

Die nachfolgende Übung »Der Lichtstern zur Überwindung der Angst« kann diesen Zustand auflösen. Zusätzlich sollte auch die Übung der Acht mit dem passenden Symbol und seiner anschließenden Vernichtung praktiziert werden.

Es heißt, dass man vor nichts Angst zu haben braucht, außer vor der Angst selbst. Sobald wir uns von der Angst befreit haben, können wir auch den Flicken bearbeiten, den wir als Lektion für unseren Lernprozess mitgebracht haben.

Der Lichtstern zur Überwindung der Angst

Geh in Gedanken zu deinem letzten Angsterlebnis zurück. Lass dieses Erlebnis wieder aufleben und beobachte, wo du die Angst in deinem Körper spürst. Empfindest du sie beispielsweise als Kloß im Hals, als flaues Gefühl im Magen, als Spannung im Solarplexus oder als Unbehagen irgendwo anders in deinem Körper?

An was erinnert dich diese Angst – an brennende Kohle, ein Stück Eis, einen Bohrer oder an ein anderes Symbol?

Stell dir vor, über deinem Kopf ist ein dreidimensionaler leuchtender Stern. Seine Zacken gleichen Lichtstrahlen.

Zieh diesen Lichtstern herunter, als ob er an einem Flaschenzug befestigt ist. Wenn er sich ungefähr 15 Zentimeter vor deinem Körper in Höhe deines Solarplexus oder Zwerchfells befindet, halte ihn an. Lass beim Ausatmen das Symbol der Angst los, so dass es aus dem Teil des Körpers entweichen kann, in dem es sich festgesetzt hat. Es wird magnetisch von dem Lichtstern angezogen und verschwindet in seiner Mitte wie in einem »schwarzen Loch«.

Atme jetzt das vom Lichtstern ausströmende goldene Licht ein und ersetze die soeben ausgeatmete Angst durch dieses Licht, so dass das alte, Angst auslösende Trauma geheilt werden kann.
Wiederhole diesen Atemrhythmus mit derselben Angst nicht länger als fünf Minuten. Schiebe den Lichtstern über deinen Kopf zurück und halte ihn dort bereit, bis du ihn das nächste Mal brauchst.

Der Lichtstern kann täglich benutzt werden, wann immer du ein Gefühl der Angst verspürst, **aber nie länger als fünf Minuten**.

Nachwort

Diese Empfehlungen scheinen mit sehr viel intensiver Arbeit verbunden zu sein, aber du brauchst dich nicht von allen Flicken der Flickendecke auf einmal zu trennen. Jeder Mensch hat unterschiedliche Flicken mitgebracht, an denen er in diesem Leben arbeiten sollte. Vielleicht ist es sogar unmöglich, alle in diesem Leben abzulegen. Es wäre in der Tat auch nicht ratsam. Es sollten nur die Flicken aufgelöst und entfernt werden, die uns heute die Möglichkeit bieten, von ihnen zu lernen. Dazu suchst du dir einen Flicken aus oder er wird sich selbst bemerkbar machen.

Ja, es bedarf harter Arbeit, um sich zu befreien, aber kann man Zeit und Energie besser verwenden, als um altes Karma aufzuarbeiten? Und sollten wir nicht dem Höheren Bewusstsein gestatten, durch uns zu leben, so dass kein neues Karma entsteht? Es ähnelt einer Begleichung alter Schulden, die wir seit vielen Leben mit uns herumtragen und von deren Last wir uns nur durch harte Arbeit befreien können.

Wir haben uns die Flicken angesehen, die wir mitgebracht haben und aus denen unsere Flickendecke besteht. Es geht darum, ihre Energie aufzubrauchen und sie so zu entfernen. Das bedeutet aber, dass wir einen bewussten Entschluss fassen und ihn in die Tat umsetzen müssen, in dem wir mit Hilfe der Übung »Die Acht« die Macht unserer negativen Eigenschaften eindämmen. Nachdem wir diese Übung mindestens drei bis vier Wochen lang praktiziert haben, können wir uns von dem Symbol, das diese Aspekte repräsentiert, lösen und es zerstören.

Anschließend ist es notwendig, Aspekte zu entwickeln, die die negativen ersetzen, zum Beispiel Aufrichtigkeit, Geduld, Fürsorge, Mitgefühl, Bescheidenheit, die Bereitschaft zum Teilen oder Hilfsbereitschaft denen gegenüber, die weniger erfolgreich sind als wir. Da jeder Mensch andere Eigenschaften mitgebracht hat, positive wie auch weniger wünschenswerte, müssen wir zunächst feststellen, was uns persönlich fehlt.

Erst dann können wir die Übung mit dem Maibaum und der Sanduhr durchführen, um das Höhere Bewusstsein zu bitten, uns diese fehlenden Eigenschaften zu übermitteln. Wir sollten diese bereitwillig einatmen und jedwede Kontrolle über uns ausatmen.

Entschließen wir uns für diesen Weg, wird unser Leben ein Abenteuer und wir werden bald feststellen, dass wir von völlig unerwarteten Seiten Hilfe erhalten.

Unsere gegenwärtige schnelllebige Zeit bietet optimale Voraussetzungen, um sich dieser schwierigen Aufgabe zu stellen. Mit der täglichen Hilfe des Höheren Bewusstseins und unserer Bereitschaft, uns Seinem Willen unterzuordnen, können wir uns befreien und Sein Instrument werden. Was können wir uns für dieses Leben und das neue Jahrtausend mehr wünschen? Lasst uns gemeinsam an dieser Aufgabe arbeiten, die auch gleichzeitig die ganze Welt befreien wird. Verschwenden wir nicht länger unsere kostbare Zeit und Energie, sondern nehmen wir die einmalige Gelegenheit wahr, die sich uns bietet, um in uns Hilfe und Führung durch das Höhere Bewusstsein zu suchen. Bitten wir Es, täglich durch uns zu denken, zu fühlen, zu sprechen, zu handeln und zu lieben.

Register

A

Abtreibung 136
Adoption 137
Aggression 51, 61, 150, 151
Akzeptanz 156
Allergie 57, 76, 77, 78
Anerkennung 15, 105, 108, 127
Angst 51, 52, 61, 66, 72, 90, 104, 107, 114, 118, 124, 130, 131, 137, 138, 140, 148, 150, 151, 158, **164**, 166
Angst vor Gott 118
Annehmen (Akzeptanz) 49, 50, 90, 153
Ärger 65, 67, 68, 71, 118, 162
Asthma 116
Astrologie 55
Atmen, tiefes 131
ausatmen 20, 166

B

Baba. *Siehe* Sai Baba
Bescheidenheit 167
Besitz **145**, 146, 156, 157, 158, 159, 160
Beständigkeit 115
Bindung 24, 29, 30, 32, 40, 62, **87**, 89, 100, 148, 160
Blutgruppe **79**, 80, 81

C

Cayce, Edgar 76
Coue, Emilie 106

D

D'Adamo, Peter 79
Dein Wille geschehe 32, 160
DFSHL 56
Dienst am Nächsten 102
Dienst an der Gemeinschaft 112

E

Egoismus 51
Ehe 55, 104, **125**, 134
Eifersucht 51, 52, **158**
einatmen und ausatmen 168
Eitelkeit 51, **156**
Eltern
  Adoptiveltern 137
  Fesseln trennen 137
  in Träumen 36
  kopieren oder rebellieren 63, 73, 109, 112, 114, 150
  kranke 114, 115
  Kritik und Zurückweisung 78, 136
  Projektion auf Kinder 134
  Verhalten, Glaubenssätze, Muster 62, 95
Elternschaft **133**
Engel 38, 54, 156
Erleuchtung 48, 49, 50
Erlösung 25, 95
Erziehung 59, 98, 112, 130, 133, 134

F

Familienatmosphäre 97, 100, 151
Familienkarma **93**
Familienmuster 105, 126, 127, **141**
farbige Karten 51, 159
Faulheit 51
Fehlgeburt 136
Fesseln 40, 55, 60, 61, 72, 73, 77, 96, 97, 104, 105, 106, 108, 109, 114, 123, 128, 130, 135, 136, 137, 138, 144, 146
Führung (durch HiC) 50, 60, 61, 72, 90, 128, 129, 153, 162, 168

G

Geburt 23, 24, 25, 26, 54, 109, 126, **130**, 131, 136, 150

Gedankenform 97, 112, 124, 151
Geduld 33, 38, 39, 59, 115, **152**, 167
Geld 91, **102**, 103, 104, 105, 126, 127, 145, 148, 157, 158, 160
Gesundheit 56, 58, 76, 79, **114**, 115, 117
Gewalt **150**, 151
Gier 51, 112, 113, **160**, 161
Gott 19, 26, 46, 80, 85, 99, 115, 118, 146
Gott-Selbst 19
Gruppenmeditation 129

H

Heiler 55, 58
Heilung 20, 41, 45, 56, 58, 106, 129, 146, 161, 163
HiC
- das HiC bitten 47, 51, 61, 70, 81, 89, 90, 98, 110, 111, 129, 152, 153, 162
- Instrument des HiC 19, 26, 30, 89, 90, 94, 96, 146, 168

Hingabe 25, 49, 56, 90
Hingabe - Vertrauen - Annehmen 49, 90

I

Inzest 62, 123, 124

K

Karma 42, 44, 47, 54, 56, 57, 58, 59, 62, 76, **83**, 167
- abarbeiten 31
- ausgleichen, auflösen, aufarbeiten 23, 33, **46**, 62, 72, 86, 167
- Familienkarma **93**
- Karmalehre, Karmatheorie **38**, **43**, 88
- schaffen 26, 57
- schnelles Karma 39

Kleidung 14, 15, 16, 76, 102, 145, **147**, 148, 149
Kontrolle 18, 36, 45, 90, 99, 104, 114, 115, 168
- außerhalb unserer K 18, 110
- frei von K 109, 161

kopieren 73, 147, 149
Krankheit 31, 41, 42, 46, 53, 57, **76**, 84, 91, **114**, 115, 116, 117, 133
Kritik 38, 65, 71, 78, 104, 108, 118, 126, 146, 162

L

Leichen im Keller **136**
Liebe 22, 30, 56, 89, 95, 102, 108, 116, 158, 159, 160, 165
- vom HiC 21, 47, 163

Liebe meine Unvorhersehbarkeit 90
Liebesentzug 91, 113

M

Maibaum 71, 128, 159, 161, 163, 168
- Familienmaibaum 128, 129
- Maibaumübung **20**

Mantra 49
Mischehe 120
Missbrauch 88, 123, 135
Mitgefühl 33, 38, 41, 95, 157, 159, 167
Mode 15, 112, 145, **147**
Modellieren eines Symbols 73, 101, 157
Müdigkeit 132
Mythen **28**, 107

N

Nachsicht 59, 60, 115, 133, 134, 136
Neid 16, 29, 51, 52, **158**
Nein sagen **65**, 66, 72, 73, 74

P

psychosomatische Beschwerden 78
Pünktlichkeit **109**, 110, 111

R

rebellieren 94, 96, 109, 119, 123, 126, 130, 133, 139
Reinkarnation 76
Religion 98, **118**, 119, 120, 142
Rolle(n) 14, 28, 33, 36, 50, 62, 77, 78, **83**, **84**, 86, 108, 119, 133, 134, 138, 139
- die dominierende Rolle **90**, 91
- die Rolle des Fußabtreters **88**, 89
- in Ehe und Partnerschaft **125**-128

Rückführung 39, 76

S

Sai Baba 19, 24, 30, 41-47, 56-59, 65, 68-72, 79, 80, 90, 109, 110, 115, 149, 150, 156, 162
Sanduhr 142, **143**, 159, 168
Schicksal 39, 42, 46, 53, 54, 57, 60, 84, 85
Schüchternheit 61, 130
Schuld & Schuldgefühle 21, 26, 46, 65, 73, **75**, 91, 124, 136, 138
Schwangerschaft 130, 131
schwarzer und weißer Vogel 140
Selbstachtung 124
Selbstgeißelung 25
Selbstkritik 25
Selbstlosigkeit 157
Selbstmitleid 47, 65
Selbstmord 45, 102, 137
Selbstsucht 51, 158
Selbstverwirklichung 48
Sex und Sexualität 55, **122**, 123, 124
Sicherheit 12, 15, 40, 60, 61, 95, 102, 104, 158, 161
Solarplexus 164, 166
Spiegel 34, 35, 50, 52, 86
Standhaftigkeit 59
Statussymbol 145
Stolz 51, 61, **156**, 157
Strenge 30, 59, 77, 118, 119, 133, 134
Stress 28, 49, 107, 132, 159

T

Taucheranzug 73, **75**
Tod 45, 80, 102, 114, 126, 165
Toleranz 33, 38, 59, 115
Ton (zum Modellieren) 73
Trägheit 51
Traumata 40, 45, 78, 106, 136, 150
Träume 16, 28, **32**, 50, 52, 61

U

Übergepäck 25
Überheblichkeit 89
Überlegenheit 142, 157
Unpünktlichkeit 110, 111, 153
Unsicherheit 90, 104, 160

V

vegetarische Ernährung 79, 80, 81
Verantwortung 30, 31, 38, 39, 40, 62, 63, 73, 80, 88, 112, 117, 121, 152
vergangene Leben 14, 15, 26, 32, 33, 38, 39, 40, 43, 44, 46, 48, 53, 59, 62, 73, 76, 80, 84, 85, 88
Vergewaltigung 85, 123, 137
Vergnügen **138**
Verschwendung 35, 73, 103, 104, 138, 151, 160, 168
Vertrauen 49, 72, 90, 128, 135, 143, 162
Vorurteile **141**, 142
Vorwurf 91

W

Wachtraum 16, 24, 110, 134
Wahres Selbst 16, 18, 19, 26, 48, 49, 144, 156
Warum ich? 42, 47
Wer bin ich **23**
Werte 145, 146
Wiedergeburt 47, 49, 85, 96
Workaholic 113
Wut 51, 52, **150**, 151, 158, 159, **162**, 163

Y

Yogananda 47

Z

Zeit 22, 25, **109**, 110, 111, 115, 127, 138, 151, 152, 158, 167, 168
  rechte Zeit 19, 32, 66, 90, 110, 111, 136, 143, 152, 164
  Zeitverschwendung 35, 64, 73, 85, 109, 138
Zeitplan 152
Zurückweisung 21, 94, 165

Über die Autorin

Phyllis Krystals Leben (11. Mai 1914 – 10. Dezember 2016) war von Anfang an von ihrem Interesse an tiefgreifenden Fragen der menschlichen Existenz geprägt. Bereits in den 1950er Jahren, als sie als Hausfrau und Mutter in den Vereinigten Staaten lebte, wandte sie mit ihrer Freundin Virginia die »Wachtraumtechnik« an, um Antworten auf einige dieser Fragen zu erhalten.

Im Zuge dieser Arbeit entstand die **Phyllis Krystal Methode®**, die nach ihr benannt ist. Während ihres sehr langen Lebens gab sie unzählige Trainings, Seminare und Einzelsitzungen rund um die Welt, um die Methode weiterzuentwickeln und zu verbreiten. Dank ihres unermüdlichen Engagements bis weit ins hohe Alter half sie unzähligen Menschen, sich innerlich zu befreien und einen wahren Sinn in ihrem Leben zu finden.

Folgende Bücher von Phyllis Krystal wurden ins Deutsche übersetzt:

Die inneren Fesseln sprengen, Sheema, Neuauflage 2022
Frei von Angst und Ablehnung, Sheema, Neuauflage 2022
Die Fesseln des Karmas sprengen, Sheema, Neuauflage 2022
Die Liebesenergie freisetzen, 2004 (derzeit vergriffen; Neuauflage geplant)

Phyllis Krystal Method® Arbeitsbuch, Phyllis Krystal Foundation, 2013
Phyllis Krystal Method® Minibuch, Phyllis Krystal Foundation, 2013

Sai Baba - Ziel aller Reisen, Sathya Sai Vereinigung, 2011
Begrenzung der Wünsche, Sathya Sai Vereinigung, 2006
Monkey Mind - Die Zähmung des Verstandes, Sathya Sai Vereinigung, 2017

Die Herausgeberin

Die **Phyllis Krystal Foundation** wurde von Phyllis Krystal persönlich am 29. September 2011 in der Schweiz gegründet.

Die in den Stiftungsstatuten formulierten Ziele sind für die Arbeit der Stiftung absolut bindend:

a) Wahrung der Idee und der Dokumente der Phyllis Krystal Methode®
b) Förderung und Verbreitung der Phyllis Krystal Methode®
c) Unterstützung von Aus- und Weiterbildung in der Anwendung der Phyllis Krystal Methode®

Phyllis Krystal legte die Rechte für ihre Bücher und die Symbole in die Hände der Stiftung.

Die offizielle Webseite der Phyllis Krystal Foundation findest du unter:

www.phylliskrystal.com

Phyllis Krystal Method®

Sheema Medien Verlag

Besuchen Sie unsere Homepage,
dort finden Sie weitere
Bücher, Hörbücher und CDs.

Wir freuen uns auf Sie!

www.sheema-verlag.de

Kontakt:

Hirnsbergerstr. 52
D - 83093 Antwort

Tel.: 0049 - (0)8053 - 7992952
E-Mail: info@sheema.de

SHEEMA

MÖGEN ALLE WESEN GLÜCKLICH SEIN!